비건 집밥 레시피

◇ **일러두기**
- 이 책의 계량은 1큰술 기준 액체류는 10ml, 가루류는 15g이며, 1컵은 200ml입니다.
  일반 가정에서도 편하게 계량할 수 있도록 밥숟가락을 기준으로 했습니다.
- 이 책에서 사용된 모든 간장은 전통 간장(국간장)입니다. 시판 간장(진간장, 양조간장)을 이용하면 간이 부족할 수 있어요.
  그럴 때는 간장을 더하지 말고 소금으로 간을 더하세요.

Collect 20

나와 지구를 돌보는
맛있고 건강한 비건 한 끼

비건 집밥 레시피

정인정 지음

동양북스

앞으로 남아 있는 인생을 잘 살기 위해 나를 돌보는 방법으로 채식을 선택했습니다. 고기 없는 밥상은 상상도 하지 못했었던 저는 딱히 병명이 있거나 그런 건 아니었지만 전반적인 삶의 질이 많이 떨어진 상태였고, 점점 몸이 나빠지는 게 느껴지면서 미래에 대해 불안감만 있었습니다. 그런데 밥상을 바꾸자 불편했던 몸과 마음이 놀랍게도 금세 회복했고 희망이라는 단어가 일상에 들어왔어요. 이제 채식을 시작한 지 5년이 넘었고, 지금은 대부분의 집밥을 비건 식단으로 꾸려가고 있습니다.

밥상을 바꾼 일은 예상보다 더 만족스러워서 큰 노력 없이 5년이 지나갔습니다. 건강한 식재료를 정성껏 다듬어 소박하게 밥상을 차려 먹으면 이런 생각이 들곤 해요. '지금, 이 순간 세상에 존재하는 밥상 중에 나에게 가장 좋은 밥상이 바로 여기에 있구나. 차별이나 폭력 없이 누구든지 가장 좋은 걸 먹을 수 있는 평화로운 밥상, 내 몸과 영혼까지도 살게 하는 밥상이구나!' 눈에 보이는 건 겨우 쌀 한 톨이지만 그 안에는 많은 이야기가 담겨 있고, 많은 사람의 사랑이 담겨 있고 자연의 에너지가 담겨 있었습니다.

이렇게 좋은 걸 느끼더라도 끼니때마다 완벽하게 비건 밥상을 차려내지는 못합니다. 저는 하루에 두 끼, 일주일이면 총 열네 번의 식사를 하고, 저와 다른 식습관을 가진 남편과 함께 살고 있습니다. 그래서 남편의 배려로 주중의 밥상은 비건 집밥으로 차려집니다. 하지만 주말에는 남편의 식습관을 중심으로 함께 배달식이나 외식을 할 때도 있어요. 그래서 달걀이나 고기와 생선을 먹기도 합니다. 그러니 저의 식단은 '약 87% 식물성 식단이다.'라고 말하는 게 정확한 표현이에요. 하지만 완벽하게 100% 식물성 식단을 꾸리지 못한다고 해서 힘들어하거나 비건 식단을 포기하지 않아요. 유연하게 생각하려고 노력하는 편입니다.

채식을 시작했던 초반에는 책이나 영상, 그리고 저보다 먼저 비건 식단을 시작한 분들의 도움을 많이 받았습니다. 그 정보들이 없었더라면 지금까지 이렇게 단단한 식습관을 유지하기는 어려웠을지도 몰라요. 그래서 저도 모두가 함께 건강해지기를 바라는 마음을 담아 저만의 비건 집밥을 SNS에 공유하기 시작했어요. 저로 인해 채소를 맛있게 먹게 되었다는 분, 채식을 어렵게만 생각했는데 제 밥상을 보고 나서 쉽게 시도해볼 수 있게 되었다는 분, 비건 반찬을 따라 해봐야겠다는 분 등 반가운 소식이 감사하게도 많이 찾아왔습니다.

    저같이 고기 없이는 한 끼도 못 먹던 사람이 비건 밥상을 한 번이라도 차려 먹는 건 대단한 변화라고 생각합니다. 우리가 할 수 있는 건 생각보다 소소한 행동이고, 그 행동이 모여 큰 변화를 일으키곤 하니까요. 건강한 음식을 먹는 경험은 건강한 사람을 만나는 경험과 같습니다. 단 한 번의 경험이라도 그 감정과 기억이 마음 깊숙이 남아서 어느 날 내가 필요로 할 때 얼굴을 내밀어요. 그렇게 한 번의 건강한 경험을 하기를 바라며 이 요리책을 만들었습니다. 요리를 전공하거나, 요리사 자격증이 있는 건 아니지만 어릴 적 엄마가 차려준 집밥에서 익힌 요리만으로 쉽게 비건 집밥을 차릴 수 있었어요. 이 책에는 100% 식물성 재료만 사용한 비건 집밥 레시피 111개가 담겨 있습니다.

    비건 식단이 나의 건강과 지구를 돌보는 일에 완벽한 정답은 아닐 수도 있습니다. 하지만 누군가에게는 비건이 되거나 자신을 잘 돌보는 일에 충분한 계기가 될 수 있고 그건 분명 유의미한 일일 거예요. 비건 식단으로 동물이 행복하고 지구가 건강해진다면 그게 곧 나의 행복과 건강일 거라 생각합니다. 오늘 내가 선택한 비건 집밥이 세상에 건강한 씨앗이 되기를 조용히 바랍니다.

2023년 정인정

Contents

004 Prologue

Intro

010 비건이란?
012 채수 만들기
014 비건 기본 양념
018 비건 응용 양념
021 비건 가공 식재료

Part 1

영양이 듬뿍 담긴 한 그릇 요리

026 무톳밥
028 연근버섯밥
030 두부덮밥
032 애호박덮밥
034 가지덮밥
036 마파두부덮밥
038 콩나물비빔밥
040 아보카도새싹비빔밥
042 고추장버섯비빔밥
044 유부잔치국수
046 상추간장비빔국수
048 메밀국수
050 콩나물쫄면
052 토마토국수
054 두부콩국수
056 김치버섯볶음밥
058 마늘볶음밥
060 저염호박잎쌈밥
062 제육쌈밥

Part 2
밥과 함께 먹는 국&찌개

- 066 감자탕
- 068 채개장
- 070 비지찌개
- 072 된장찌개
- 074 토마토김치찌개
- 076 순두부찌개
- 078 시금치된장국
- 080 배추된장국
- 082 버섯미역국
- 084 들깨감잣국
- 086 유부맑은국
- 088 뭇국
- 090 콩나물김칫국
- 092 오이미역냉국
- 094 콩나물국

Part 3
자꾸자꾸 손이 가는 반찬

- 098 콩나물무침
- 100 청포묵무침
- 102 오이지무침
- 104 오이무침
- 106 브로콜리두부무침
- 108 도토리묵
- 110 연근유자무침
- 112 감자당근볶음
- 114 브로콜리마늘볶음
- 116 마늘종볶음
- 118 애호박볶음
- 120 표고버섯볶음
- 122 새송이버섯조림
- 124 두부조림
- 126 우엉조림
- 128 감자조림
- 130 부추버섯전
- 132 감자김치전
- 134 연근옥수수전
- 136 애호박양파전
- 138 무당근전
- 140 양배추전

Part 4 — 미리 만들어 보관하는 **저장 반찬**

- 144 유자뿌리채소피클
- 146 오이피클
- 148 양배추라페
- 150 당근라페
- 152 깻잎김치
- 154 한 포기 배추김치
- 156 오이김치
- 158 깍두기
- 160 양파장아찌
- 162 깻잎장아찌
- 164 오이장아찌
- 166 우엉장아찌
- 168 사과잼
- 170 복숭아잼
- 172 토마토잼
- 174 템페볶음고추장
- 176 저염된장
- 178 검정콩후무스
- 180 토마토마리네이드

Part 5 — 주말에 외식대신 **별미**

- 184 유부라볶이
- 186 두부월남쌈
- 188 채소만두
- 190 가지카레라이스
- 192 부추콩나물잡채
- 194 버섯유부전골
- 196 대파떡꼬치
- 198 두부동그랑땡
- 200 가지깐풍기
- 202 버섯탕수육
- 204 모둠채소튀김
- 206 루꼴라식빵피자

Part 6 간편하게 먹기 좋은 **김밥**

- 210 김밥 재료와 마는 방법
- 212 두부스틱김밥
- 214 세발나물김밥
- 216 버섯김밥
- 218 유부우엉김밥
- 220 아보카도김밥
- 222 양배추템페김밥
- 224 두부텐더김밥
- 226 불고기김밥
- 228 김치콩나물김밥
- 230 땡초김밥
- 232 꼬마김밥
- 234 장아찌김밥

Part 7 가볍게 먹는 **브런치**

- 238 당근감자수프
- 240 옥수수수프
- 242 후무스샐러드
- 244 땅콩국수샐러드
- 246 모둠채소구이
- 248 감자샐러드샌드위치
- 250 단호박사과샌드위치
- 252 템페채소랩
- 254 시금치페스토파스타
- 256 가지토마토파스타
- 258 옥수수주먹밥
- 260 유부초밥

262 Index

Intro 1 — 비건이란?

비건은 동물의 고기 또는 동물에서 얻어지는 부산물을 먹지 않고, 어떤 목적을 위해서든 동물성 제품을 일절 사용하지 않습니다. 동물을 소재로 하는 것을 입지 않고 소비하지 않으며, 동물을 이용한 스포츠나 오락, 실험, 연구하지 않는 것까지가 모두 포괄적으로 포함된 개념입니다.

채식주의자와 비건은 다릅니다. 채식주의자는 건강과 같은 개인의 이유를 우선시하며 식습관에 국한됩니다. 비건은 동물 보호, 환경 보호 등 개인적인 이유보다는 윤리적인 이유가 우선이고 식습관만 해당하는 게 아닙니다. 엄격한 채식을 하는 것이 비건이 아니라 비건이 엄격한 채식을 하는 겁니다. 두 가지는 관점이 완전히 다른 거예요.

예를 들어 채식주의자는 꿀이 직접적인 동물성 식품이 아니기 때문에 건강을 위해 섭취합니다. 하지만 비건은 벌의 노동으로 얻어진 꿀을 먹지 않습니다. 또 다른 예로는 채식주의자는 동물원에 가서 돌고래 쇼를 관람하지만, 비건은 동물원이나 돌고래 쇼같이 동물을 착취한 상품을 이용하지 않습니다.

채식의 종류

아래 첨부한 표는 일반적으로 알려진 채식의 종류입니다. 단 한 번에 바로 비건이 되기 힘들다면 천천히 단계별로 실천하며 비건 지향적인 식단을 꾸려가는 방법도 좋습니다.

유형	과일·곡식	채소	유제품	달걀	어패류	가금류	육류
프루테리언	O	×	×	×	×	×	×
비건	O	O	×	×	×	×	×
락토	O	O	O	×	×	×	×
오보	O	O	×	O	×	×	×
락토오보	O	O	O	O	×	×	×
페스코	O	O	O	O	O	×	×
폴로	O	O	O	O	O	O	×
플렉시테리언	평소에는 비건이며, 상황에 따라 육식						

우리나라에서 처음부터 비건을 완벽하게 실천하기엔 어려운 부분이 있습니다. 그중 한 가지는 바로 외식인데요. 집에서 만드는 음식이 아니라면 눈에 고기가 보이지 않는다고 해서 동물성이 안 들어 있는 게 아닌데, 그걸 모두 하나하나 알 수가 없어요.

그래서 도표에는 없지만 개인적으로 추천하는 방법으로는 채소를 다양하게 접하는 걸 우선시하면서 동시에 유제품부터 끊는 방법으로 채식을 시작하는 방법이 있습니다. 유제품 다음으로 소고기, 돼지고기 순으로 끊는 방법입니다. 끊어야 하는 고기에 집중하기보다 건강하게 먹을 수 있는 제철 채소와 과일에 집중하는 게 훨씬 더 도움이 됩니다.

건강하게 비건 식단을 지속하는 방법

저의 경우, 가장 처음에는 건강을 챙기려고 '자연식물식'과 '현미 채식'으로 밥상을 꾸려 가기 시작했습니다. 그러다 시간이 지날수록 정보가 더 필요해져 도서관을 자주 이용하게 되었고, 가공식품의 문제점과 기후 위기에 대한 이야기, 공장식 축산업에 대한 충격적인 진실, 요즘 시대에 고기가 건강에 미치는 영향, 광고가 변화시킨 밥상과 비건까지 다양한 책을 접하며 '건강한 비건 식단'으로 변하게 되었습니다. 제가 비건 식단을 5년이 넘게 지속할 수 있도록 도움을 준 몇 가지 방법을 소개합니다.

1. 맛있는 채소를 먹자

채소가 맛있고 몸에도 좋다는 걸 몸도 새로 배워야 압니다. 하루 이틀만으로는 학습이 되지 않습니다. 저는 제 몸에 채소를 가르치는 일이 3년 넘게 걸린 것 같아요. 다양하면서도 맛있는 채소를 먹다 보면 몸이 먼저 채소를 찾는 날이 옵니다. 찬 바람이 부는 초겨울이 되면 버섯이 생각나고, 겨울 무의 달곰한 맛에 침을 삼키기도 합니다. 더운 여름에는 오이를 넣은 시원한 냉국 생각이 나고 가지와 토마토가 자꾸만 먹고 싶어집니다. 몸에게 맛있는 채소를 잘 가르치고 난 다음엔 그저 몸이 알려주는 걸 찾아서 만들면 됩니다. 몸에게 맛있는 채소를 찾아서 자주자주 먹어주세요.

2. 비건 식사를 직접 만들어 보자

아무리 좋은 재료로 만든 가공품이라고 해도 내 손으로 직접 만든 한 그릇 요리만 하지 못합니다. 물론 예외도 있죠. 가끔은 가공품이 훨씬 더 맛있는 날도 있으니까요. 하지만 식사란 눈에 보이는 양념과 재료만 먹는 것이 아니라 요리사의 손에서 나오는 에너지와 식재료에 담긴 생명의 에너지를 먹는 일이기도 해요. 아무리 좋은 것을 입에 넣어도 생명의 에너지가 담긴 음식을 먹지 않으면 아무리 먹어도 식욕은 채워지지 않고 마음마저 헛헛해지기도 하거든요. 매일 매끼를 직접 만들기가 힘들다면 주말에 한 끼라도 시간을 내어 천천히 나를 위한 비건 집밥을 차려주는 건 어떨까요.

3. 내 몸에 맞는 비건 식단을 챙기자

나이마다 상황마다 비건 식단에 다르게 접근할 거로 생각합니다. 비건 식단이 유행이라고 자신에게 맞지 않는 걸 먹었다가 건강을 해치게 되는 경우도 있으니 잘 알아보고 드셔야 해요. 먼저 자신이 건강해야 동물도 챙길 수 있는 거랍니다. 건강을 위해 비건 식단을 꾸린다면 가공식이 아닌 자연식에 가까운 밥상을 차리길 권해요. 그리고 가능하다면 비건 한 끼보다는 3일을 지속하고 그것보다는 일주일 혹은 2주를 권합니다. 2주간만 건강한 비건 식단을 제대로 챙길 수 있다면 병원에 가지 않고도 자연 치료가 되는 생활 습관병들이 많아요.

4. 엄격해지지 않도록 주의하자

외식하러 나가서 비건 식당을 찾지 못해 밥을 못 먹고 굶은 적이 몇 번 있습니다. 그러다가 조금씩 유연함을 가지기 시작했어요. 명절에 가족이 다 모일 때면 고기 몇 점을 먹기도 하고, 주말 식사에는 배달 음식을 시켜서 남편은 고기를 골라 먹고 저는 채소를 골라 먹기도 합니다. 혼자 하는 외식에서는 멸치육수를 낸 칼국수를 먹기도 하고, 가끔 버터가 들어간 빵을 먹고 들어오는 날도 있어요. 그리고 직접 만드는 다음 식사는 다시 비건 식단으로 꾸립니다. 한 번 동물성을 먹었다고 해서 좌절하며 비건 식단의 끈을 놓지 않습니다. 강해서 부러지는 것보다 유연하게 구부러지는 것이 더 낫습니다.

5. 채소의 힘을 경험해보자

저는 예전에 힘든 일을 할 때 고기를 거의 매일 챙겨 먹었습니다. '고기를 먹어야 힘이 나지.'라고 굳게 믿고 지냈거든요. 실제로 고기를 먹으면 몸에 열이 나고 즉각적으로 힘이 납니다. 하지만 그렇게 타오른 불은 금세 꺼지고 오히려 내 에너지까지 다 가지고 가버려요. 고기를 소화하느라 많은 힘이 필요하거든요. 채소는 즉각적으로 힘이 나지는 않지만 은근하게 지속되는 힘을 줍니다. 건강하게 비건 식사를 오래 하다 보면 지구력이 점점 늘어나고 인내심도 늘어갑니다. 실제로 신경을 안정시키는 성분이 들어있는 채소들이 있어요. 힘에도 다양한 종류가 있으니까요. 채소가 주는 비건 파워를 경험해보세요.

Intro 2 채수 만들기

비건 집밥에는 채소를 물에 우려낸 채수를 자주 사용해요. 요리에 감칠맛을 더해주고 뒷맛이 깔끔해요. 채수를 만드는 방법은 정해진 공식이 있는 게 아니랍니다.

하지만 재료를 복잡하게 넣으면 지속하기 어렵고, 채수 재료가 한 번에 떨어지기라도 하면 장보는 일도 만만치 않죠. 그래서 쉬우면서도 맛있게 먹을 수 있는 채수 만드는 방법을 소개합니다. 필요한 재료는 단 두 가지, 다시마와 마른 표고버섯입니다.

만드는 방법은 끓이는 방법과 냉침하는 방법 두 가지로 알려드려요. 두 가지 중에 자신이 가장 쉽게 할 수 있는 방법을 선택해서 만들어요. 만든 채수는 냉장 보관하고 3일 이내로 소진하는 게 좋아요.

만드는 방법 4컵 분량

재료 마른 표고버섯 1/2줌(10g)
다시마 1장(10x10cm)
물 5컵

끓여서 만들기

1. 마른 표고버섯과 다시마를 흐르는 물에 가볍게 헹군다.
2. 냄비에 재료를 모두 넣고 물이 끓기 시작하면 약한 불로 줄여 13분간 끓인다.
3. 다시마는 꺼내고 버섯은 채수와 함께 사용한다.

냉침하기

1. 마른 표고버섯과 다시마를 흐르는 물에 가볍게 헹군다.
2. 병에 재료를 모두 넣고 냉장고에서 12시간 냉침한다.
3. 다시마는 꺼내고 버섯은 채수와 함께 사용한다.

Intro 3 비건 기본 양념

양념을 고를 땐 최대한 정제되지 않은 것과 자연을 가득 담아낸 것을 골라서 소량만 사용해요. 많은 분께 어떤 양념을 쓰는지에 대한 질문을 자주 받았는데요. 여기에 제가 매일 비건 집밥을 만들면서 자주 사용하는 것들을 모았어요.

설탕

요리할 때 설탕을 사용한다고 불편한 마음을 가지지 마세요. 설탕 중에서도 정제된 설탕은 정제 과정에서 사탕수수의 주요 영양성분이 파괴되고, 화학 제품을 사용하기 때문에 미량의 화학물질이 설탕에 남아 있어요. 비정제 설탕은 몸에 해로운 정제 과정을 생략하여 칼슘, 비타민, 미네랄 함량이 그대로 있어 적당량을 잘 사용하면 건강에 좋답니다.

사용 제품: 홀썸 케인 슈가

식초

드레싱을 만들거나 입맛 돋우는 양념이 필요할 때 사용하는 식초는 천연 발효된 제품으로 사용하면 좋습니다. 식초는 60여 종의 유기산을 포함하고 있으며, 각종 영양소의 체내 흡수를 도와주는 촉진제 역할을 해서 속이 더부룩할 때 도움이 되는 양념이에요. 특히 현미식초는 아미노산을 가장 많이 함유하고 있어서 건강한 식초를 찾을 때 우선으로 구비해요.

추천 제품: 두레생협 현미식초

된장

발효시킨 콩으로 만든 된장은 먹고 나면 위와 장이 금세 편해져요. 첨가제가 들어가지 않고, 국내산 원료로 만들어진 전통 된장을 사용하길 권해요. 전통 방식은 메주를 겹발효법으로 숙성시켜 된장 고유의 구수한 맛이 잘 살아 있고 옹기에서 숙성해서 깊이 있는 된장의 맛을 느낄 수 있어요. 찌개나 국, 무침 등에 사용하고, 콩을 더해 저염된장으로 만들어 쌈장이나 샐러드 소스로도 사용해요.

추천 제품: 옹기뜸골된장

간장

감칠맛을 더하는 데에 주로 사용하는 간장은 화학성분을 사용하지 않고 전통 방식으로 담은 걸로 사용하는 게 좋습니다. 전통 방식은 가열하지 않고 100% 무농약 콩, 천일염, 물, 햇볕과 바람만으로 숙성시킨 간장으로, 오래 숙성시킬수록 깊은 맛을 느낄 수 있고 감칠맛이 좋아요. 조림, 무침, 국, 샐러드 소스 등에 두루 사용할 수 있어요.

추천 제품: 옹기뜸골간장

소금

간을 볼 때 가장 중요한 양념인 소금은 천연의 맛과 다양한 미네랄을 포함하고 있는 비정제 소금을 사용해요. 구이나 무침같이 소금의 맛을 직접 느낄 수 있는 요리에는 짠맛이 강한 히말라야 소금을 사용하고, 국이나 저장 반찬에는 나트륨 함량이 적은 바다 소금을 사용해요. 천일염이나 죽염도 구비해 두고 요리에 맞춰 사용하면 좋아요.

추천 제품: 셀틱 바다 소금, 고빈다 히말라야 소금

고추장

우리나라의 고유한 발효식품으로 영양도 풍부합니다. 특히 매운맛을 내는 캡사이신 성분이 식욕을 돋우고 소화를 촉진해서 입맛이 돋고 싶을 때 사용하는 양념입니다. 쌀로 만든 조청과 간수가 제거된 소금 그리고 찹쌀에 엿기름 삭힌 물을 넣어서 만든 전통 고추장은 부드러운 식감과 은은한 매운맛이 좋아요. 대신 전통 고추장에는 방부제가 들어 있지 않아 유통 기간이 짧으니 조금씩 구매해서 드세요.

추천 제품: 쌀농부 조청 고추장

참깨(통깨)

몸을 따뜻하게 하는 성질이 있고 고소한 맛이 좋은 참깨는 특히 한식과 잘 어울려 손이 자주 가는 양념이죠. 참깨를 통으로 먹으면 소화가 잘되지 않기 때문에 빻아서 사용하는 게 좋아요. 참깨를 저온에서 볶으면 벤조피렌 발생을 최소화하고, 영양성분을 최대한 보존할 수 있으며, 탄내 없이 고소하고 깔끔한 맛이 나요.

추천 제품: 우리생협 볶음참깨

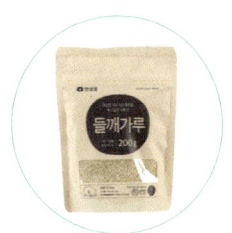

들깻가루

들깨에는 식물성 불포화지방이 풍부하게 들어 있고 혈관 건강과 변비 해소에 도움을 준다고 알려져 있어요. 몸보신용 요리인 전골이나 탕 종류, 무침에 사용합니다. 식물성이지만 기름이 많으니 배탈이 났거나 설사기가 있을 때는 섭취를 줄이는 게 좋아요.

추천 제품: 한살림 들깨가루

참기름

참깨 특유의 고소한 향이 있어 음식에 소량만 사용해도 고소한 맛과 향이 더해져요. 간장과 함께 섞어서 사용하면 버터 같은 맛이 나기도 한답니다. 참기름은 식물성 기름이지만 오래 열을 받으면 몸에 좋지 않아 높은 열을 가하는 요리를 할 때는 사용하지 말도록 해요. 조리 과정 마지막에 불을 끄고 나서 추가하는 습관을 기르면 좋답니다.

추천 제품: 청오 유기농 발아 참기름

고춧가루

고춧가루를 고를 땐 씨를 반만 제거해 맛이 부드러운 양념용 고춧가루를 이용해요. 인공적으로 착색제나 보존료를 처리하지 않고 저온 건조해 자연의 맛과 향이 그대로 살아 있는 고춧가루를 선호해요. 국산 고춧가루는 단순히 매운맛만 나기보다 단맛도 있는 편으로 맛도 품질도 좋아요. 고춧가루는 사용하는 요리나 그 목적에 따라 입자의 크기가 달라지니 잘 확인하고 구입하도록 해요.

추천 제품: 한살림 고춧가루(양념용)

올리브유

식재료를 익히는 데 사용하기도 하지만 주로 샐러드의 소스나 생으로 먹는 일이 더 많은 올리브유는 본연의 맛을 해치지 않고 풍미를 돋우는 정도의 산미를 지니고 있는 것으로 고르면 좋아요. 특히 엑스트라 버진 등급의 올리브유는 화학적 공정을 거치지 않은 방식이므로 가장 신선하며 각종 요리용으로 사용하기에 좋답니다.

추천 제품: 베제카 올리브유

맛술

알코올이 소량 함유된 맛술은 음식의 향을 증폭시켜 더 맛있게 만드는 역할을 해요. 원료가 지닌 맛을 해치지 않도록 합성 감미료 및 과당, 합성 착향료 등을 사용하지 않은 건강한 맛술을 사용하면 좋아요. 당도가 낮은 맛술로 고르면 요리 본연의 맛도 없어지지 않아요.

추천 제품: 오산양조 요리술

매실액

음식의 감칠맛을 더해주고 단독으로 물에 타서 차로도 마시기 때문에 상시 구비 중인 재료예요. 매실은 대표적인 알칼리 식품으로 다른 과일과 비교가 안 될 정도로 그 효과나 성분이 풍부해요. 식초 대용으로도 사용하고, 깊은 단맛을 추가할 때 주로 사용해요.

추천 제품: 초록원 유기농 매실 엑기스

식용유

식물성 지방이라고 해서 무조건 몸에 좋은 건 아니에요. 불포화지방 비율이 높을수록 좋고, 가공과 정제 단계가 적을수록 좋아요. 트랜스지방은 아예 없어야 하고요. 보관 기간이 길게 표기되어 있어도 기름은 짜내기 시작하는 순간부터 산패되니 적은 용량을 구입해서 빨리 소비하는 게 가장 좋아요. 고온에서 사용할 경우 조리 과정에서 트랜스지방이 발생하므로 저온에서 천천히 조리해서 건강하게 드세요.

추천 제품 : 한살림 현미유

조청

'인공적으로 만든 꿀'이라는 뜻의 조청은 곡류의 전분을 엿기름으로 당화시켜 농축시킨 거예요. 진한 빛깔에 윤이 자르르 돌고 풍미가 깔끔해서 어느 음식에서든 잘 어우러져요. 단맛이 필요한 순간 설탕을 대신해서 활용하기에 좋고, 조림 요리에 윤기를 더할때는 꼭 필요한 재료랍니다.

추천 제품: 강봉석 명인 쌀조청

Intro 4 비건 응용 양념

필수는 아니지만 음식에 향과 맛을 더해서 특별한 요리를 만들어주는 양념을 모았습니다. 한 번에 모두 다 준비하기는 어려울 수 있으니 한 가지씩 상황에 맞춰서 준비해보세요. 새로운 맛을 만나는 즐거움과 더불어 요리 실력도 쑥쑥 향상되는 느낌이 들어요.

화이트발사믹

화이트발사믹은 당도 높은 포도를 압착시켜서 나온 화이트와인에 식초를 섞어서 제조되기 때문에 레드발사믹에 비해 맛이 가볍고 상큼해서 샐러드 소스로 자주 사용해요. 오크통에서 전통 방식으로 숙성된 화이트 발사믹은 부드럽고 달콤한 맛과 향이 좋아요.

추천 제품: 레오나르디 화이트발사믹 콘티멘토

생와사비

와사비의 매운맛을 내는 성분에는 살균 효과가 있고, 비린내를 없애주며 식재료의 풍미를 살리는 향미 성분도 포함되어 있어요. 국산 고추냉이의 함량이 높은 제품으로 사용하면 고유의 향과 맛으로 코끝이 찡해질 만큼 매우면서 단맛도 진하게 느껴진답니다.

추천 제품: 녹미원 참생와사비

레몬즙

레몬은 비타민뿐만 아니라 엽산, 칼륨 같은 영양소가 들어 있어 건강에 도움이 되는 과일이에요. 꾸준히 챙겨 먹으면 칼슘이 몸속에 축적되는 것을 방지해주기도 한답니다. 생레몬을 요리에 사용하는 것이 맛도 좋고 몸에도 좋지만, 레몬즙을 짜놓고 시간이 지나면 비타민이 파괴된답니다. 바로 짜서 사용할 수 없을 때 레몬즙을 구입해두고 요리에 사용하면 편리해요.

추천 제품: 유로푸드 유기농 레몬주스

식물성 조미료

정성껏 음식을 만들어도 맛이 부족하게 느껴질 때가 있어요. 그럴 땐 식물성 조미료를 활용합니다. 국이나 무침에 추가하면 한층 더 맛있어져요. 국산 재료로 만든 조미료를 이용하면 더 건강하게 먹을 수 있어요. 여러 종류의 식물성 조미료가 있으니 비건 식단에서 감칠맛을 더할 때 조금씩 사용해보세요.

추천 제품: 샘표 연두

향신료

다양한 향신료를 요리에 활용하면 입맛을 돋우고 음식이 더욱 먹음직해진답니다. 제가 주로 사용하는 향신료는 후춧가루, 마늘가루, 양파가루, 훈제 파프리카가루, 파슬리가루, 건오레가노, 강황가루, 시나몬가루, 페페론치노입니다. 볶음 요리에서 잡내를 잡을 때 사용하거나 더 풍부한 맛을 더하고 싶을 때 추가로 사용해요.

추천 제품: 심플리 오가닉 향신료

식물성 마요네즈

달걀을 사용하지 않고 식물성 재료로만 만든 마요네즈는 열량 부담이 적고 상큼한 맛이 있어요. 저는 두유를 활용해 비건 마요네즈를 주로 만들어 먹어요. 직접 만든 게 맛이나 건강에는 물론 좋지만 보관 기간이 짧아 오래 두고 먹을 때는 시판 제품을 이용합니다.

추천 제품: 오뚜기 담백한 소이마요

뉴트리셔널이스트

식품으로 섭취하기 위해 생산하는 효모로 열을 이용해 비활성화시키고 건조해서 분말 형태로 만든 제품이에요. 다양한 종류의 비타민 B가 들어 있고, 우유로 만든 치즈와 비슷한 향과 풍미가 있어 비건 식단에서 치즈나 버터 대신 풍미를 주기 위해 사용하곤 합니다. 주로 비건 치즈가루나 페스토를 만들 때 사용해요.

추천 제품: 푸드 얼라이브 뉴트리셔널이스트

홀그레인머스터드

겨자씨를 갈지 않고 사용해 알갱이가 톡톡 터지는 식감과 혀끝에서 씹히는 매콤한 맛이 좋아요. 샌드위치나 샐러드 소스로 활용해도 맛있고, 비건 마요네즈를 만들거나 감자샐러드에 추가하면 색다른 맛을 더할 수 있어서 좋답니다. 유기농 겨자가 들어간 제품을 사용해 안심하고 드세요.

추천 제품: 테메레 유기농 홀그레인머스터드

식재료 구매처

맛있고 몸에 좋은 요리는 싱싱하고 건강한 식재료만 있다면 이미 반은 한 거나 다름없어요. 제가 주로 이용하는 웹 사이트와 매장을 알려드릴게요. 비건 식재료나 유기농산물, 전통 양념, 그리고 착한 성분의 가공식품을 판매하는 곳이랍니다.

온라인

- 한살림 shop.hansalim.or.kr
- 두레생협 www.ecoop.or.kr
- 자연드림 www.icoop.or.kr/coopmall
- 우리농 www.wrn.kr/Home/
- 오아시스 www.oasis.co.kr
- 쌀농부 ssalnongbu.com
- 싸리재마을 www.ssarijai.com
- 홍성로컬푸드 smartstore.naver.com/hslocalfood
- 마켓컬리 www.kurly.com
- 초록마을 www.choroc.com
- 채식한끼몰 www.hanggi.kr/main/
- 프롬 www.from.kr
- 아이허브 kr.iherb.com

오프라인

- 찰리스그로서리(비건 식료품): 서울 용산구 신흥로2길 7 1층
- 샵라이트(비건 식료품): 서울 용산구 이태원로 143-9 1층
- 마르쉐장터(농부 직거래 장터): 인스타그램 @marchefriends

Intro 5 비건 가공 식재료

요즘에는 편리하게 이용할 수 있는 비건 제품이 많이 나오고 있어요. 직접 만들어 먹는 것도 뿌듯하지만 그러지 못할 때는 가공 식재료를 이용하기로 해요. 제가 애용하는 가공 식재료 몇 가지를 소개합니다.

두부텐더

결두부로 만들어져 촉촉하면서 쫄깃한 식감의 두부에 바삭한 튀김옷을 입혀 만든 두부텐더는 식물성 단백질을 사용해 콜레스테롤, 트랜스지방이 0%입니다. 별미 반찬이 먹고 싶을 때 주로 사용하는 간편 식품으로 김밥의 속 재료나 샐러드 토핑 등 활용도가 높고, 단독으로 먹어도 간이 잘 배 있어 맛있어요.

비건 김치

비건 김치는 재료에 젓갈을 넣지 않고, 양념장을 만들 때 들어가는 육수에 멸치나 황태를 쓰지 않아요. 그래서 깔끔하고 시원한 맛이 있습니다. 전통 간장을 이용해 감칠맛을 더하고, 양파, 무, 배 등을 갈아 만든 즙으로 맛을 더해 만듭니다. 저는 주로 집에서 만들어 먹지만 여의찮을 때에는 구입해서 먹고 있습니다.

대체육(언리미트)

고기 대신에 먹을 수 있는 대체육은 두 가지로 나눌 수 있습니다. 동물의 줄기세포를 채취한 뒤 배양해서 생산하는 것과 콩이나 쌀과 같은 곡식을 이용해서 만든 것이 있는데요. 그중 곡식을 이용해 만든 대체육을 이용하고 있습니다. 식물성 재료로 만든 대체육은 트랜스지방과 콜레스테롤이 들어가지 않아 건강에 도움이 되고, 소고기 대신 대체육을 한 번 먹으면 30년산 소나무 2그루를 심는 것과 유사한 효과가 있다고 해요. 언리미트 제품은 못난이 농산물을 활용해 만들기 때문에 푸드 업사이클링이라는 장점이 있고, 맛이나 식감도 고기와 크게 다르지 않아 비건 식단을 처음 꾸리는 분에게 추천해요.

비건 빵

버터, 우유, 달걀 등 동물성 재료를 사용하지 않고 통밀, 호밀, 견과류 등 식물성 재료만을 사용해 만든 빵입니다. 비건 빵을 고를 땐 백설탕, 수입 밀, GMO, 화학첨가제, 방부제, 인공색소 등을 사용하지 않고 국산 통곡물을 사용한 걸로 골라 먹으면 좋습니다. 통곡물로 만든 빵은 섬유질이나 단백질 같은 영양소가 높아 건강 개선에 도움이 되고 소화가 잘되는 장점이 있어요.

두유

콩을 갈아 만든 식물성 음료로 비건 마요네즈나 콩국수, 비건 베이킹, 비건 요거트를 만들 때 주로 이용합니다. 두유는 우유보다 칼슘 함유량이 적지만 대신 비타민 D의 흡수를 막는 레티놀 성분이 없기 때문에 오히려 칼슘 흡수율은 우유보다 높아요. 두유는 우유나 아몬드유에 비해서 온실가스 배출량, 물과 토지 사용량이 월등히 적어 친환경적인 식재료랍니다.

소면

가벼운 한 끼 식사를 준비할 때 손이 자주 가는 식재료입니다. 수입 밀을 사용한 소면은 유통 과정의 문제로 많은 제초제를 사용하고 유전자 변형 밀로 만들어 건강을 해칠 수 있으니 가능하면 국산 밀을 사용한 소면을 고르고, 정제하지 않은 통밀을 사용한 소면을 이용하면 부드러운 식감은 조금 떨어지나 섬유소나 영양분 섭취에 더 좋습니다.

템페

인도네시아의 대표적인 발효음식인 템페는 한국의 청국장, 일본의 나토와 더불어 세계 3대 콩 발효식품입니다. 두부의 맛, 치즈의 풍미, 고기의 식감으로 복합적인 향과 맛이 있습니다. 템페는 소화가 잘될 뿐만 아니라 사포닌과 아이소플라본, 필수 아미노산, 비타민, 식이섬유 등 각종 영양소가 풍부하게 포함되어 있어 건강한 식단을 챙길 때 자주 이용하는 식재료에요.

유부

두부를 기름에 튀겨 만든 것으로 튀기는 동안 두부에 지방이 들어가 맛이 더욱 고소해지고 색과 질감이 먹음직스럽게 변해요. 그리고 두부보다 더 오래 보관할 수 있는 장점이 있어요. 어묵 대신 사용하면 잘 어울려요. 유부를 더 건강하게 먹으려면 물에 살짝 끓여서 기름기를 뺀 다음 사용하세요.

견과류
견과류는 지방을 섭취하기 쉽지 않은 비건 식단에서 유용한 식재료입니다. 건강에 좋은 불포화지방산을 함유하고 있고, 각종 영양소도 듬뿍 들어 있어 뇌 기능 증진에도 도움이 돼요. 샐러드 소스를 만들거나 음식에 고소한 맛을 더할 때 사용해요. 견과류는 산패되기 쉬우니 생으로 구매해서 냉동 보관하고 먹을 만큼 덜어서 볶아 먹는 것이 좋습니다.

비건 라면
비건 가공품 종류가 늘어나면서 가장 반가운 점은 다양한 비건 라면을 만날 수 있게 된 점이에요. 자주 먹으면 건강에는 좋지 않겠지만, 간단하게 식사해야 하는 바쁜 날 먹으면 좋답니다. 비건 라면은 100% 식물성 재료로 만들어져 채소의 깊은 맛과 감칠맛을 살린 깔끔한 국물 맛이 특징이고 트랜스지방과 콜레스테롤이 없는 점이 장점이랍니다.

비건 치즈
비건 치즈는 우유 없이 두부, 두유, 견과류, 코코넛오일, 채소 등 식물성 재료로 만든 치즈입니다. 많이 먹어도 위에 부담이 덜해서 먹고 나면 속이 편안한 점이 좋답니다. 유제품을 사용하지 않아 우유 알레르기가 있는 사람도 먹을 수 있어요. 체다치즈, 모차렐라치즈, 크림치즈 등 다양한 비건 치즈 제품이 있으니 골라서 드셔보세요.

카레
주원료인 강황에 항산화 물질인 커큐민이 들어 있어 건강에 도움이 되어 자주 챙겨 먹는 식재료에요. 카레는 소화가 잘되고 몸을 따뜻하게 하는 성질이 있어 몸이 냉한 사람에게 좋답니다. 요리법도 간단해서 쉽게 만들 수 있어요. 걸쭉한 카레의 식감이 좋아서 고형으로 된 제품을 주로 이용하는데요. 가루로 된 카레도 깔끔하고 맛있답니다.

> **tip** 비건 가공 식재료를 살 때는 상품 뒷면을 살펴봐요. 알레르기 유발 성분에 유제품이나 고기류, 달걀 등이 있는지, 성분표에 생선이나 해산물 등이 있는지 확인합니다. 하지만 뒷면에 있는 정보만으로는 알 수 없는 액젓류, 조개류 등이 있을 수 있습니다. 또 재료에 들어간 백설탕의 경우 하얗게 만드는 과정에서 동물의 뼈가 사용되기도 하므로 비건 식재료가 아니지만 제대로 표기되어 있지 않아 알 수 없는 경우가 많아요. 그럴 땐 비건 인증 마크가 붙어 있는지 확인하는 방법도 있어요.
> 손쉽게 비건 식재료를 바로 구입할 수 있다면 편리하고 좋겠지만 아직은 우리나라에서 비건에 대한 정보를 접하기에는 어려운 면이 있어요. 성분표와 비건 마크 등을 통해 식재료 고르는 일을 우선하기를 추천합니다.

Vegan Recipe

비건 집밥을 본격적으로 시작한 첫해, 밥상을 가득 채워놓고 남편을 맞이했어요.

맛있게 잘 먹는 날도 있지만 매일 그렇지는 않았어요.

과유불급이라는 말은 밥상에서도 예외가 아니었습니다.

그래서 밥상에 가짓수를 줄이고, 일주일에 한두 번은 한 그릇만으로 소박하게 식사했어요.

대신에 유기농 채소를 구입해서 양질의 식사를 만드니 양이 풍성한 밥상보다 만들기도 편하고

먹기에도 좋았어요. 그리고 한 가지 재료에 집중할 수 있어 식재료와 친해지는 계기도 되었답니다.

한 그릇만으로 충분한 한 끼가 될 수 있다는 걸 알고 나서 집밥에 대한 마음의 부담까지 덜었어요.

Part 1

영양이 듬뿍 담긴 **한 그릇 요리**

무톳밥 2인분

몸에서 철분이 필요할 때면 꼭 만들어 먹는 무톳밥입니다.
압력밥솥에 밥을 지을 때 무와 톳을 더해주기만 하면 되니 만들기 간단해서 자주 만들어 먹어요.
소화가 잘되는 무가 잔뜩 들어가서 많이 먹어도 위가 편안하답니다. 톳은 건조된 것으로 사용하면
보관이 용이하고 한참을 먹을 수 있으니 이 기회에 건조톳도 식재료 저장고에 더해보세요.

Ingredients

쌀 1컵
건조 톳 1/2큰술
무 1/4개(200g)
소금 약간
채수 2컵

양념장

고춧가루 1/2큰술
다진 마늘 1/3큰술
다진 대파 1큰술
간장 2큰술
맛술 1큰술
매실액 1큰술
참기름 2큰술
통깨 1큰술

1. 쌀은 물에 1시간 정도 불린다.

사용하는 쌀에 따라 불리는 시간을 가감해요.

2. 건조 톳은 물에 10분 정도 불린 뒤 찬물에 헹구고, 무는 얇게 채 썬다.

3. 압력밥솥에 불린 쌀, 톳, 무, 소금, 채수를 넣고 밥을 짓는다.

4. 양념장 재료는 섞는다.

5. 밥이 완성되면 골고루 섞어 그릇에 담고 양념을 곁들인다.

곱창 돌김에 싸서 먹어도 맛있어요.

연근버섯밥

연꽃의 줄기인 연근은 몸을 따뜻하게 해주는 성질이 있어요. 비가 오는 날이나 쌀쌀한 날 만들어 먹으면 좋아요. 거기에 표고버섯을 넣어 영양까지 더 챙겼답니다. 채수를 넣어 은은하게 감칠맛이 나요. 쌉싸름한 달래로 만든 양념장을 곁들여 먹으면 한 그릇만으로 충분해서 반찬이 따로 필요 없어요.

Ingredients

쌀 1컵
당근 1/4개(30g)
연근 1/3개(80g)
표고버섯 2개
소금 1/3큰술
채수 2컵

양념장

달래 1/2줌(65g)
고춧가루 1큰술
간장 3큰술
물 2큰술
맛술 1큰술
참기름 1큰술
통깨 1큰술

사용하는 쌀에 따라 불리는 시간을 가감해요.

채수를 만들고 남은 버섯을 사용해도 좋아요.

채수가 재료의 선까지 오면 돼요. 모자라면 물을 추가해요.

1. 쌀은 물에 1시간 정도 불린다.

2. 당근은 얇게 채 썰고, 연근은 얇게 썰어 2등분하고, 표고버섯은 밑동을 떼고 얇게 썬다.

3. 압력밥솥에 불린 쌀, 연근, 표고버섯, 당근, 소금, 채수를 넣고 밥을 짓는다.

4. 양념장의 달래는 잘게 썰어서 나머지 재료와 섞는다.

5. 밥이 완성되면 골고루 섞어 그릇에 담고 양념장을 곁들인다.

두부덮밥 `2인분`

어릴 적 간장달걀비빔밥을 자주 먹었어요. 간장의 짜면서도 달콤한 맛과
부드러운 달걀프라이를 밥에 올려 비벼 먹으면 버터 같은 크리미한 맛이 나서 정말 맛있었거든요.
달걀 대신 두부를 사용해도 비슷하게 버터를 섞은 것 같은 맛이 나요.
비벼 먹는 덮밥이니 두부는 너무 바싹하게 굽지 말고 촉촉한 느낌으로 구워주세요.

Ingredients

밥 2공기(300g)
두부 1모(300g)
쪽파 3개(대파로 대체 가능)
소금 약간
통깨 1큰술
식용유 2큰술

양념

간장 3큰술
참기름 3큰술

1. 두부는 6등분해서 키친타월에 올려 물기를 제거한다.

2. 쪽파는 잘게 썬다.

팬을 약한 불에서 약 3분간 예열한 뒤 두부를 올려 중약불에서 약 15분, 뒤집어서 약 7분을 구우면 겉은 바삭하고 속은 촉촉해요.

3. 달군 팬에 식용유를 두르고 두부에 소금을 뿌려 앞뒤로 굽는다.

4. **양념** 재료를 섞는다.

5. 그릇에 밥을 담고 구운 두부와 쪽파를 올리고 양념, 통깨를 밥에 뿌린다.

애호박덮밥 `2인분`

사계절 언제든지 구하기 쉬운 애호박은 장바구니 단골 식재료예요.
달콤하고도 부드러운 맛의 애호박에 살짝 매콤하고 짭조름한 맛을 더해 입맛까지 살려주는 덮밥이랍니다.
애호박은 열량이 낮고 비타민이 풍부해서 간소하면서도 영양이 가득한 한 그릇 식사에 참 좋답니다.

Ingredients

밥 2공기(300g)
애호박 1개
양파 1/2개
홍고추 1개
다진 마늘 1/2큰술
참기름 1큰술
통깨 1큰술
식용유 1큰술

양념

설탕 1큰술
고춧가루 1큰술
간장 3큰술
맛술 1큰술

1. 애호박과 양파는 얇게 채 썰고, 홍고추는 씨를 빼고 송송 썬다.

> 다진 마늘이 타지 않도록 약한 불에 볶아요.

2. 달군 팬에 식용유를 두르고 다진 마늘을 넣어 볶는다.

> 볶다가 수분이 날아가면 물을 조금씩 넣어 촉촉하게 볶아요.

3. 애호박, 양파, 홍고추, **양념**을 넣고 볶는다.

4. 애호박이 익으면 불을 끄고 참기름과 통깨를 넣고 가볍게 섞는다.

5. 그릇에 밥을 담고 애호박볶음을 올린다.

가지덮밥 2인분

구운 가지는 식감이 부드럽고, 달콤해요. 특히 가지는 기름으로 조리하면 영양소의 흡수율이 더 높아져요.
가지가 제철인 더운 여름에 몸을 식히기에도 좋은 식재료랍니다. 양파를 볶아서 만든
매콤하고 달콤한 양념을 올려 함께 비벼 먹으면 정말 맛있어서 밥 한 그릇이 금세 사라진답니다.

Ingredients

밥 2공기(300g)
가지 2개
대파 1/3대(흰 부분)
양파 1/2개
소금 약간
참기름 1큰술
통깨 1/2큰술
식용유 6큰술

양념

설탕 1큰술
고춧가루 1/2큰술
다진 마늘 1/2큰술
맛술 2큰술
간장 3큰술

1. 가지는 0.5cm 두께로 어슷 썰고, 대파는 다진다.

> 가지가 기름을 많이 흡수하니 식용유를 충분히 둘러서 구워요.

2. 달군 팬에 식용유 4큰술을 두르고 가지를 올려 소금 뿌려 구운 뒤 접시에 덜어둔다.

3. 양파를 잘게 다져 달군 팬에 식용유 2큰술을 두르고 볶는다.

> 수분이 부족하면 물을 1큰술씩 넣어가며 볶아요.

4. 양파가 투명해지면 **양념**을 넣고 약한 불로 볶는다.

5. 그릇에 밥을 담고 가지와 볶은 양파를 올린다.

6. 다진 대파, 참기름, 통깨를 올린다.

마파두부덮밥 2인분

외식 메뉴로 마파두부를 종종 시도하지만, 너무 매워서 거의 먹지 못한 경험이 있어요. 그래서 자극적이지 않고 적당히 매운 순한 버전의 마파두부를 만들었어요. 빨간색이지만 전혀 맵지 않아 아이도 먹을 수 있을 정도랍니다. 특히 두부의 부드러움이 양념과 잘 어울려서 너무 맛있어요.

Ingredients

밥 2공기(300g)
두부 1모(300g)
양파 1/3개
표고버섯 2개
대파 1/3대(흰 부분)
고춧가루 1큰술
다진 마늘 1/2큰술
채수 1컵
전분물 2큰술(감자전분 1큰술+물 1큰술)
식용유 2큰술

양념

설탕 1큰술
간장 3큰술
맛술 1큰술

1. 두부는 작게 깍둑썰고, 양파, 표고버섯은 다지고, 대파는 송송 썬다.

2. 달군 팬에 식용유, 고춧가루를 넣고 약한 불로 볶아 고추기름을 만든다.

볶다가 뻑뻑하면 물이나 채수를 1큰술씩 추가하며 볶아요.

3. 다진 마늘, 대파, 양파를 넣고 볶는다.

4. 양파가 반쯤 익으면 표고버섯, 양념, 채수를 넣어 끓인다.

전분물은 생략해도 괜찮아요.

5. 재료가 다 익으면 두부를 넣어 끓이고 전분물로 농도를 맞춘다.

6. 그릇에 밥을 담고 마파두부를 올린다.

콩나물비빔밥 `2인분`

저의 최애 메뉴 콩나물비빔밥입니다. 평범한 듯한 이 메뉴는 콩나물이 포인트예요.
콩나물 줄기는 아삭하고 머리 부분은 오독해서 전혀 다른 두 개의 식감을 동시에 즐길 수 있는 점이 매력이죠.
밥의 양만큼 콩나물도 많이 넣어야 맛있어요. 고추장과 참기름을 넣어 비벼 먹으면
소박하고도 만족스러운 한 그릇을 만날 수 있답니다.

Ingredients

밥 2공기(300g)
콩나물무침 120g(98쪽 참고)
두부 1/2모(150g)
로메인 4장
소금 약간
식용유 2큰술

양념장
고추장 1큰술
매실액 1큰술
참기름 1큰술
통깨 1큰술

1. 두부는 4등분한다.

로메인은 깻잎으로 대체해도 맛있어요.

2. 로메인은 얇게 채 썬다.

너무 바싹하게 굽지 말고 중약불에 촉촉하게 구워요.

3. 달군 팬에 식용유를 두르고 두부에 소금을 뿌려 앞뒤로 굽는다.

4. 양념장 재료는 섞는다.

5. 그릇에 밥, 콩나물무침, 구운 두부, 로메인, 양념장을 올린다.

아보카도새싹비빔밥

잘 후숙된 아보카도는 버터 같은 부드러운 질감과 고소한 맛이 먹고 싶을 때 사용하는 식재료입니다.
자극적이지 않고 담백한 맛 때문에 자꾸만 생각나요. 간장 베이스의 소스와 궁합도 좋아요.
여기에 새싹의 아삭하고 건강한 맛과 달콤하게 볶아낸 당근이 더해져 푸짐한 비빔밥이랍니다.

Ingredients

밥 2공기(300g)
아보카도 1개
새싹채소 1줌(25g)
무순 약간(20g)
당근 1/4개(45g)
식용유 2큰술

소스

간장 3큰술
참기름 3큰술

1. 아보카도는 껍질을 벗기고 먹기 좋은 크기로 썬다.

새싹채소는 상추나 깻잎 등 쌈채소로 대체해도 좋아요.

2. 새싹채소와 무순은 흐르는 물에 씻어 체에 밭쳐 물기를 빼고, 당근은 얇게 채 썬다.

3. 달군 팬에 식용유를 두르고 당근을 볶는다.

4. 소스 재료는 섞는다.

5. 그릇에 밥, 아보카도, 새싹채소, 당근, 무순을 담고 소스를 뿌린다.

고추장버섯비빔밥

표고버섯은 강력한 감칠맛 성분인 구아닐산을 함유하고 있고 쫄깃쫄깃한 식감이 고기와 비슷해서
비건식을 시작할 때 자주 먹게 되는 식재료예요. 기름에 볶은 표고버섯은 비빔밥 재료로 특히 잘 어울려요.
숯불향이 은은하게 나는 볶음고추장과 바싹하게 구운 템페, 향긋한 깻잎까지 곁들이면 풍성한 한 그릇이 됩니다.

Ingredients

밥 2공기(300g)
표고버섯 4개
당근 1/4개(45g)
깻잎 8장
템페 80g
식용유 3큰술
템페볶음고추장 3큰술(174쪽 참고)
참기름 2큰술

1. 표고버섯은 밑동을 떼고 얇게 썰고, 당근과 깻잎은 채 썬다.

2. 템페는 손가락 크기로 썬다.

3. 달군 팬에 식용유 1큰술을 두르고 당근을 볶는다.

4. 달군 팬에 식용유 1큰술을 두르고 표고버섯을 볶는다.

5. 달군 팬에 식용유 1큰술을 두르고 템페를 올려 앞뒤로 노릇하게 굽는다.

6. 그릇에 밥, 볶은 채소, 깻잎, 템페를 담고 템페볶음고추장을 올리고 참기름을 두른다.

유부잔치국수

표고버섯과 다시마로 우려 감칠맛 나는 채수를 가장 맛있게 먹는 방법, 잔치국수를 만들어볼게요.
채수에 유부의 고소함이 더해져 맛이 풍성하고, 비 오는 날 후루룩 가볍게 먹기에도 참 좋아요.
양념 없이 담백하게 먹다가 매콤 짭조름한 양념을 곁들여 간을 더하면 새로운 맛의 국수가 된답니다.

Ingredients

소면 2인분
유부 4장
애호박 1/3개
당근 1/4개
표고버섯 2개
채수 4컵
소금 1/3큰술

양념

다진 대파 1큰술
고춧가루 1/2큰술
간장 2큰술
참기름 1큰술
통깨 1/2큰술

채수를 만들고 남은 버섯을 사용해도 좋아요.

1. 유부, 애호박, 당근, 표고버섯은 얇게 채 썬다.

2. 양념 재료는 섞는다.

3. 냄비에 채수, 채 썬 유부, 준비한 채소와 버섯, 소금을 넣고 애호박이 익을 때까지 끓인다.

소면을 끓이는 시간은 제품마다 다르니 상품 설명을 참고해요.

4. 끓는 물에 소면을 4분간 끓이고 체에 받쳐 물기를 뺀다.

5. 그릇에 소면과 3을 담아 양념을 곁들인다.

상추간장비빔국수 2인분

간단해서 자주 만들어 먹던 간장비빔국수에 상큼한 상추겉절이를 곁들여 먹으면 별미가 된답니다.
상추의 아삭한 식감과 부드러운 소면이 잘 어우러져 맛도 더 좋아요. 섬유질과 영양소가 풍부하고
피를 맑게 하는 상추를 함께 먹으니 국수만 먹을 때보다 건강에 더 도움이 된답니다.

Ingredients

소면 2인분
청상추 8장

소면 양념
설탕 2큰술
간장 3큰술
참기름 3큰술
통깨 2큰술

겉절이 양념
고춧가루 1/2큰술
다진 마늘 1/3큰술
간장 1큰술
매실액 1큰술
참기름 1큰술
통깨 1큰술

1. 끓는 물에 소면을 4분간 끓이고 체에 밭쳐 물기를 뺀다.

   소면을 끓이는 시간은 제품마다 다르니 상품 설명을 참고해요.

2. 청상추는 먹기 좋은 두께로 썬다.

   당근이나 양파를 채 썰어 더해도 좋아요.

3. 볼에 소면과 **소면 양념**을 넣고 버무린다.

4. 볼에 청상추와 **겉절이 양념**을 넣고 살살 버무린다.

   아삭아삭한 식감을 위해 먹기 직전에 버무려요.

5. 그릇에 상추겉절이를 담고 소면을 올린다.

메밀국수 `2인분`

서늘한 성질을 가진 메밀은 몸의 열을 내려주어 더위에 지친 날 국수로 먹으면 좋아요.
밖에서 먹는 메밀국수의 국물은 가쓰오부시와 훈제멸치를 사용해서 비건식이 아닌 경우가 많죠.
감칠맛 나는 채소와 양념으로 쯔유를 만들어보니 달콤한 국물의 맛이 너무 좋답니다.
쯔유는 한 병 만들어 두면 조림 양념이나 소스로 먹어도 맛있으니, 꼭 한번 만들어보길 추천해요.

Ingredients

메밀국수 2인분
무 1/5개(150g)
대파 1/2대(흰 부분)
생와사비 1큰술

쯔유
다시마 3장(10cm×10cm)
양파 1개
사과 1/2개
대파 1대(흰 부분)
마른 표고버섯 5개

설탕 1컵
간장 1컵
맛술 1컵
물 2컵

마른 팬에 양파와 대파를 구워 넣으면 불향을 추가할 수 있어요.

1. 냄비에 **쯔유** 재료를 모두 넣고 끓어오르면 중약불로 줄이고 10분간 끓인다가 다시마를 건지고 약한 불에 20분간 더 끓인다.

메밀국수 먹기 하루 전날 만들면 편해요. 냉장 보관 후 14일 이내로 소진해요.

2. 면포나 체에 걸러서 유리병에 국물만 담아 냉장 보관한다.

간 무를 물에 살짝 헹구면 무의 쓴맛이 사라져요.

3. 무는 강판에 갈아 건더기만 물에 헹궈 살짝 짠다.

4. 대파는 송송 썬다.

메밀국수는 제품별로 끓이는 시간이 다르니 상품 설명을 참고해요.

5. 끓는 물에 메밀국수를 5분간 끓여서 찬물에 헹구고 그릇에 담는다.

6. 쯔유와 물을 1:1로 희석하고 송송 썬 대파, 와사비, 간 무를 취향대로 넣고 메밀국수를 적셔 먹는다.

콩나물쫄면 `2인분`

분식집에 파는 매콤한 쫄면이 생각날 때가 있어요. 쫄깃한 쫄면을 꼭꼭 씹어 먹으면 스트레스까지 사라지는 것 같아요. 쫄면과 잘 어울리는 오독오독한 식감의 콩나물과 아삭아삭한 채소믹스를 잔뜩 추가하면 식감은 물론 영양도 가득 담긴 메뉴가 된답니다. 양념장은 미리 만들어서 냉장 숙성해두고 간편하게 만들어 먹어요.

Ingredients

쫄면 2인분
양배추믹스 1봉(80g)
샐러드믹스 1봉(80g)
콩나물 2줌(100g)

양념장
설탕 2큰술
고춧가루 2큰술
다진 마늘 1/3큰술
식초 2큰술
매실액 2큰술
사과즙 5큰술
간장 1큰술
고추장 2큰술

먹기 하루 전에 만들어 냉장고에 넣어두고 미리 숙성시키면 더 맛있어요.

1. 양념장 재료는 섞는다.

2. 양배추와 샐러드믹스는 물에 헹군 뒤 물기를 뺀다.

3. 콩나물은 다듬고 흐르는 물에 가볍게 헹군다.

4. 냄비에 콩나물과 물 3컵을 넣고 물이 끓어오르면 불을 끄고 찬물에 헹궈서 체에 밭쳐 물기를 뺀다.

쫄면은 제품별로 끓이는 시간이 다르니 상품 설명을 참고해요.

5. 끓는 물에 쫄면을 5분간 끓인 뒤 건져서 찬물에 헹구고 체에 밭쳐 물기를 뺀다.

양념장을 한 번에 다 넣으면 짤 수 있으니 조금만 넣어 맛보고 부족하면 1큰술씩 추가해요.

6. 그릇에 쫄면과 준비한 채소를 담고 양념장을 올린다.

토마토국수

유럽 속담에 토마토가 빨갛게 익으면 의사 얼굴이 파랗게 된다는 말이 있을 정도로 잘 익은 토마토는 건강에 좋아요.
토마토는 열을 가하면 영양소 흡수율이 더 높아지니 토마토국수는 최고의 메뉴라 말할 수 있어요.
더운 여름날 시원한 토마토 국물에 국수를 말아 한 그릇 드셔보세요. 기운이 불끈 난답니다.

Ingredients

소면 2인분
토마토 8개
상추 10장
사과 1/4개
양파 1/4개
견과류 2줌(캐슈너트, 땅콩)

양념

소금 1/3큰술
조청 2큰술
매실액 1큰술

토마토 국물은 전날 준비하면 편해요.

1. 토마토를 믹서에 갈아서 중약불에 약 30분간 끓이고 냉장 보관한다.

2. 상추, 사과, 양파는 얇게 채 썰고, 견과류는 다진다.

소면을 끓이는 시간은 제품마다 다르니 상품 설명을 참고해요.

3. 끓는 물에 소면을 4분간 끓여 찬물에 헹구고 체에 밭쳐 물기를 뺀다.

4. 볼에 토마토 국물과 상추, 양파, **양념**을 넣어 섞는다.

5. 그릇에 소면을 담고 4를 부은 뒤 채 썬 사과, 다진 견과류를 올린다.

두부콩국수 2인분

저에게 두부, 땅콩버터, 견과류를 넣고 갈아 고소함이 끝내주는 콩국수는 여름에 먹는 라면과 같은 요리예요. 더운 날, 간단한 요리를 만들고 싶은 날 만들어 먹어요. 고소한 국물에 담긴 소면은 부드럽고 무순과 아삭한 토마토가 시원한 느낌을 더해줘서 여름 국수로 먹기에 참 좋답니다.

Ingredients

소면 2인분
토마토 1/3개
무순 1줌(10g)

콩물 재료

두부 1모(300g)
캐슈너트 1큰술
설탕 2큰술
소금 1/3큰술
땅콩버터 1큰술
무가당 두유 380ml

> 캐슈너트는 호두나 아몬드로 대체해도 좋아요. 무가당으로 먹고 싶다면 설탕을 제외해요.

1. 믹서에 **콩물 재료**를 넣고 간 후 냉장 보관한다.

2. 토마토는 얇게 썰고, 무순은 씻어 물기를 뺀다.

> 소면을 끓이는 시간은 제품마다 다르니 상품 설명을 참고해요.

3. 끓는 물에 국수를 4분간 삶고 찬 물에 헹궈 체에 밭쳐 물기를 뺀다.

> 간이 싱거우면 소금을 추가해요.

4. 그릇에 국수를 담고 콩물을 부은 뒤 무순, 토마토를 올린다.

김치버섯볶음밥 *2인분*

입맛을 돋워주는 잘 익은 채식 김치로 만드는 김치버섯볶음밥이에요.
기름 사용을 대폭 줄여 담백하게 만들고, 감칠맛이 있는 버섯과 양파로 김치의 짠맛도 잡고 영양도 더했어요.
한 그릇을 양껏 먹어도 속이 편안해서 좋은 식사입니다.

Ingredients

밥 1+1/2공기(240g)
채식 김치 2컵
표고버섯 3개
양파 1/2개
대파 1/4개
참기름 2큰술
통깨 1큰술
식용유 2큰술

양념
설탕 1큰술
간장 1큰술
연두 1큰술
소금 약간

1. 김치, 표고버섯, 양파는 작게 썰고, 대파는 송송 썬다.

2. 달군 팬에 식용유를 두르고 대파를 넣고 볶아 파기름을 낸다.

3. 표고버섯, 양파를 넣고 볶는다.

양념 재료 중 연두나 설탕은 기호에 따라 제외해도 괜찮아요. 마늘을 좋아한다면 다진 마늘 1/2큰술 추가해요.

4. 양파가 반쯤 익으면 김치와 **양념**을 넣어 볶는다.

5. 밥을 넣어 골고루 볶은 다음 불을 끄고 참기름을 두르고 통깨를 뿌린다.

마늘볶음밥 2인분

마늘 특유의 맛과 향 때문에 먹기 어려웠다면 기름에 볶아 부드럽고 달콤하게 먹어보세요.
마늘은 열을 가해서 요리해도 항산화 성분이 생마늘과 거의 같아요.
기름에 구운 마늘의 향과 풍미가 밥과 참 잘 어울리죠. 알리오올리오의 밥 버전이라고 생각하면 쉬워요.
그동안 주로 양념에 많이 쓰였던 마늘을 주재료로 사용해보세요.

Ingredients		
밥 1+1/2공기(240g)		**양념**
마늘 12개		소금 1/3큰술
파프리카 1/2개(빨강, 노랑)		강황가루 1/4큰술
올리브유 3큰술		양파가루 1/5큰술
		훈제파프리카가루 1/5큰술
		후춧가루 약간

1. 마늘은 길게 반으로 썰고, 파프리카는 잘게 썬다.

2. 달군 팬에 올리브유 2큰술을 두르고 마늘을 넣어 갈색이 날 때까지 볶는다.

3. 올리브유 1큰술을 추가로 두르고 파프리카를 넣어 2분간 볶는다.

4. 밥, **양념**을 넣고 볶는다.

> 양념 중에 가루는 있는 것만 넣어도 돼요. 소금과 후춧가루만 넣어도 맛있어요.

저염호박잎쌈밥 2인분

더운 여름날, 입맛을 잃었을 때 어린 호박잎을 쪄서 된장과 쌈을 싸서 먹으면 완전 별미예요.
호박잎에는 비타민은 풍부하지만, 단백질이 부족하기 때문에 된장과 함께 먹으면 더 좋아요.
두부와 저염된장을 사용해서 영양분이 풍부한 저염두부쌈장도 이번 기회에 꼭 한번 만들어보세요.
호박잎 안에 쌈장을 가득 넣어 먹어도 하나도 짜지 않아요.

Ingredients	밥 2공기(300g)	**저염두부쌈장**
	호박잎 12장	두부 1/2모(150g)
		다진 호두 1큰술
		들깻가루 2큰술
		참기름 2큰술
		저염된장 3큰술(176쪽 참고)
		소금 약간

> 호박잎이 크면 질길 수 있으니 중간 크기나 작은 걸로 구입해요.

1. 호박잎은 두꺼운 줄기를 잘라 다듬고 흐르는 물에 헹군다.

2. 찜기를 올린 냄비에 물이 끓어오르면 호박잎을 5분간 찌고 한 김 식힌다.

> 2주 정도 냉장 보관이 가능하며, 쌈채소와 함께 먹어도 맛있어요.

3. 저염두부쌈장 재료의 두부는 면포로 으깨가며 물기를 꼭 짜고 나머지 재료와 함께 섞는다.

> 랩을 이용하면 편해요.

4. 호박잎 한 장에 밥 1큰술, 저염두부쌈장 1/2큰술을 넣고 돌돌 말아 동그랗게 만든다.

제육쌈밥 2인분

비건 식단을 하고 싶은 생각은 있지만 고기를 너무 좋아해 시작이 어려운 분에게 대체육으로 만든
제육쌈밥을 추천해요. 채소와 볶아서 쌈에 싼 다음 한입 먹으면 맛집에서 사 온 제육볶음인 줄 알 거예요.
짭조름하면서 감칠맛 있는 쌈장까지 곁들이면 그야말로 완벽한 식물성 고기쌈이 된답니다.

Ingredients

밥 2공기(300g)
식물성 제육볶음 1팩(260g)
깻잎 20장
양파 1/2개
느타리버섯 1줌
식용유 1큰술

쌈장
설탕 1/2큰술
다진 마늘 1/2큰술
참기름 2큰술
매실액 2큰술
된장 1큰술
고추장 1+1/2큰술
통깨 1큰술

1. 식물성 제육볶음은 해동한다.

2. 깻잎은 흐르는 물에 헹궈 물기를 털고, 양파는 채 썰고, 느타리버섯은 가닥가닥 뗀다.

3. 쌈장 재료는 섞는다.

4. 달군 팬에 식용유를 두르고 양파와 느타리버섯을 볶는다.

5. 양파가 반쯤 익으면 제육볶음을 넣어 5분간 볶는다.

6. 깻잎에 밥, 제육볶음, 쌈장을 올려 쌈을 먹는다.

cooking tip

이 요리에 사용된 언리미트 식물성 제육볶음은 단백질이 풍부한 대두에서 기름기를 쫙 빼고 남은 탈지대두분말과 쌀 영양소의 90%가 들어있는 미강으로 만들어 맛이 고소하고 영양가가 높아요. 고춧가루와 채소, 과일만으로 맛을 낸 깔끔한 매운 맛을 느낄 수 있는 대체육 제품입니다.

Vegan Recipe

저는 비건 식단을 먹기 전에는 국물 음식을 즐기지 않았어요.

집에서 육수 낼 때 사용하는 멸칫국물을 잡내 없이 깔끔하게 만드는 일이 어려웠고,

외식할 때는 국물이 자극적인 맛일 때가 많아 건더기만 건져 먹곤 했었어요.

비건 식단을 시작한 후 식물성 재료로만 만든 국과 찌개에는

다시마와 버섯을 기본으로 우려낸 채수를 사용해 은은한 맛을 즐기게 되었어요.

특히 채소로만 끓인 찌개는 집에서 요리해도 냄새가 많이 나지 않았어요.

담백하게 만든 국과 찌개 하나만 있다면 밥 한 공기 먹는 건 일도 아니죠.

따뜻한 음식을 먹으면 몸이 금세 따뜻해지고 긴장되었던 몸이 이완되면서 마음마저 편안해지는 걸 느껴요.

밥 한 공기에 곁들이면 최고의 한 끼가 되어줄 국과 찌개 열다섯 가지를 소개합니다.

Part 2

밥과 함께 먹는 **국 & 찌개**

감자탕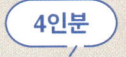

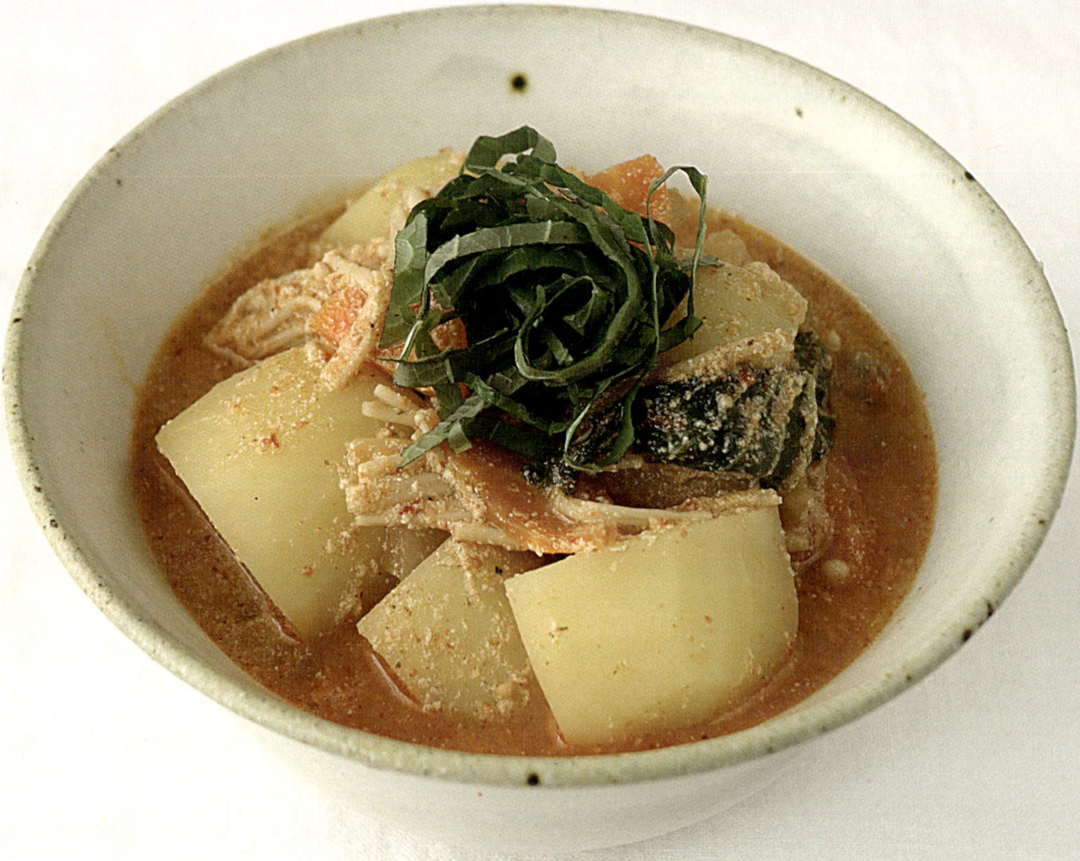

감자가 주연인 이 감자탕은 몸에 좋은 들깨까지 양념으로 잔뜩 들어가 영양이 만점이에요.
국물이 맵지 않아 숟가락으로 듬뿍 퍼먹기에도 좋아서 밥 한 그릇 말아먹으면 속이 든든해져요.
직접 만들어 먹고 나면 감자탕은 양념 맛이 대부분이라는 걸 알게 된답니다.

Ingredients

감자 3개
양파 1/2개
당근 1/4개(45g)
깻잎 15장
팽이버섯 1/2봉
들깻가루 1+1/2컵

양념 1
고춧가루 1+1/2큰술
다진 마늘 1큰술
다진 대파 1큰술
식용유 1큰술

양념 2
소금 1/4큰술
간장 2큰술
고추장 1큰술
된장 2/3큰술
채수 4컵

1. 감자, 양파, 당근은 한입 크기로 썬다.

2. 깻잎은 채 썰고, 팽이버섯은 밑동을 자르고 가로로 2등분한다.

3. 냄비에 **양념 1**을 넣고 약한 불에서 2분간 볶는다.

4. 감자, 양파, 당근, 팽이버섯, **양념 2**를 넣고 10분간 끓인다.

싱거우면 소금을 넣고, 짜면 물을 1/2컵씩 추가해 간을 맞춰요.

5. 감자가 다 익으면 들깻가루를 넣고 중약불로 2분 정도 끓이고 깻잎을 올린다.

채개장

4인분

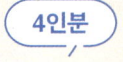

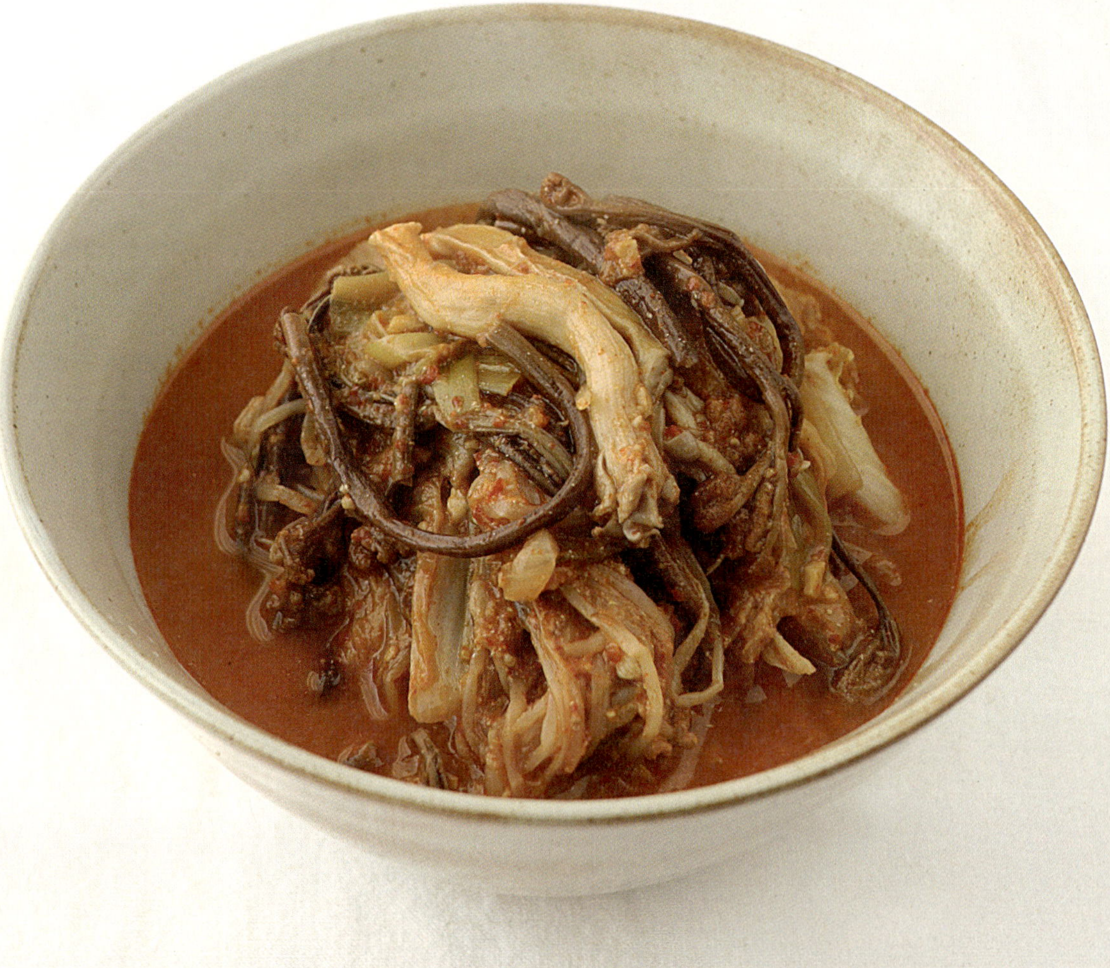

몸보신이 필요해지는 쌀쌀한 환절기에 생각나는 채개장은 채소 보양식이에요.
고기가 없어도 다양한 채소가 가득 들어가서 국물의 감칠맛이 끝내주고,
뭉근하게 오래 끓여내서 국물의 맛이 진해요. 채소로 몸보신 한번 해보시겠어요?

Ingredients

데친 고사리 1팩(200g)
알배추 1/2개
숙주 1봉(200g)
양파 1개
대파 3대
팽이버섯 1봉
표고버섯 4개
느타리버섯 1/2줌(50g)
다시마 2장(10×10cm)
물 6컵

양념장
소금 1/3큰술
다진 마늘 1큰술
간장 4큰술
참기름 2큰술
들깻가루 1컵
고춧가루 1/2컵
물 1컵

1. 고사리와 알배추는 한입 크기로 썬다.

2. 숙주는 다듬고, 양파는 채 썰고, 대파는 반으로 가른다.

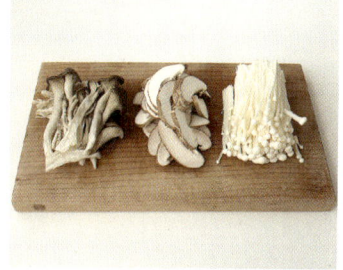

3. 팽이버섯은 밑동을 자르고, 표고버섯은 밑동을 떼고 채 썬다. 느타리버섯은 가닥가닥 뗀다.

4. 다시마는 흐르는 물에 가볍게 헹군다.

5. 양념장 재료는 섞는다.

6. 냄비에 모든 재료와 양념장, 물을 넣어 끓어오르면 약한 불로 줄여 1시간 정도 끓인다.

> 물이 끓으면 10분 후 다시마는 건져내고, 모자란 간은 소금으로 맞춰요. 불린 당면을 넣어도 맛있어요.

비지찌개 4인분

맛있게 푹 익은 김치가 있다면 비지찌개를 만드는 데 필요한 재료는 모두 준비된 거나 마찬가지예요.
뭉근히 오래 끓인 김치 위에 고소한 비지를 넣으면 겨울철 최고의 찌개가 된답니다.
갓 지은 따뜻한 밥 위에 비지찌개를 잔뜩 올려 한 숟갈 크게 먹으면 행복한 맛이 입안 가득 퍼질 거예요.

Ingredients

콩비지 1봉지(400g)
채식 김치 2컵
대파 약간(5cm)
참기름 1큰술
채수 3컵

양념
설탕 1큰술
고춧가루 1큰술
간장 1큰술

1. 김치는 한입 크기로 썰고, 대파는 어슷 썬다.

2. 달군 냄비에 김치, 참기름을 넣고 배추가 투명해질 때까지 5분 정도 볶는다.

3. 채수와 **양념**을 넣고 약한 불에서 30분 정도 끓인다.

부족한 간은 소금으로 해요.

4. 김치가 다 익으면 콩비지, 대파를 넣고 5분간 더 끓인다.

된장찌개 [2인분]

위와 장이 튼튼해지는 음식이 필요할 때 제가 찾는 1순위는 바로 순한 된장찌개랍니다.
된장에는 몸에 좋은 유익균이 많아 속이 금세 편안해지거든요.
전통 된장은 염도가 짜니 딱 한 숟갈만 넣고, 나머지 간은 꼭 소금으로 맞춰요.

Ingredients

감자 1개
애호박 1/2개
양파 1/4개
두부 1/2모(150g)
청양고추 2개
팽이버섯 1/2봉
채수 3컵

양념
고춧가루 1/2큰술
다진 마늘 1/2큰술
연두 1큰술
된장 1큰술
소금 약간

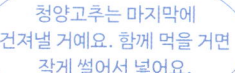

청양고추는 마지막에 건져낼 거예요. 함께 먹을 거면 작게 썰어서 넣어요.

1. 감자, 애호박, 양파, 두부는 한입 크기로 썬다.

2. 청양고추는 3등분하고, 팽이버섯은 밑동을 자르고 가닥가닥 뗀다.

부족한 간은 소금으로 맞춰요.

3. 냄비에 채수를 넣고 끓기 시작하면 두부를 제외한 재료, **양념**을 넣고 중약불로 20분간 끓인다.

4. 감자가 익으면 약한 불로 줄이고 두부를 넣고, 청양고추를 건진다.

토마토김치찌개

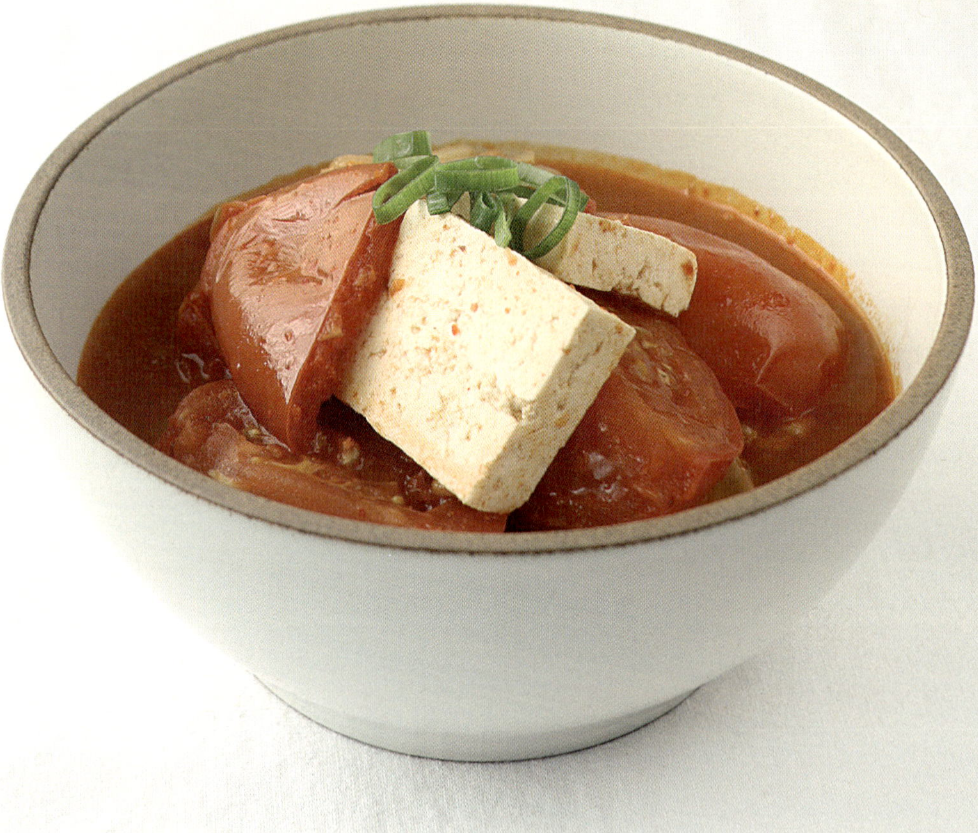

토마토가 들어간 김치찌개 맛, 상상되실까요?
물은 하나도 넣지 않았는데 토마토의 수분만으로 국물이 가득 생겨요. 먹고 나면 속이 편안하답니다.
토마토가 김치랑 제법 잘 어울려서 저는 이제 토마토가 없는 김치찌개는 생각이 잘 안 나요.

Ingredients	완숙 토마토 6개
	채식 김치 1/4포기
	두부 1/2모(150g)
	식용유 2큰술

1. 토마토는 2등분하고, 김치와 두부는 한입 크기로 썬다.

2. 달군 냄비에 식용유를 두르고 김치를 5분간 볶는다.

> 반드시 충분히 잘 익은 완숙 토마토를 사용해요. 덜 익은 토마토를 사용하면 토마토가 탈 수 있어요.

3. 토마토를 넣고 약한 불에서 뚜껑을 닫고 30분간 끓이며 중간중간 섞는다.

4. 토마토에서 수분이 나오면 두부를 넣고 3분간 더 끓인다.

순두부찌개

4인분

고추기름을 내어 풍미를 더 하고 은은한 맛의 채수를 넣어 끓인 순두부찌개예요. 빨간 국물이지만 맵지 않고 기존에 사용했던 해산물 육수를 채수로 대체했을 뿐인데, 전혀 다른 향의 담백한 찌개를 맛볼 수 있어요. 순두부를 듬뿍 퍼서 밥과 함께 비벼 먹어도 참 맛있답니다.

Ingredients

순두부 1봉지(300g)
애호박 1/3개
새송이버섯 1/2개
양파 1/4개
대파 1/4대
고춧가루 1큰술
식용유 1큰술
채수 2컵

양념
다진 마늘 1/2큰술
간장 1+1/2큰술
소금 약간

1. 애호박, 새송이버섯, 양파는 먹기 좋게 썰고, 대파는 송송 썬다.

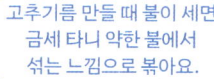
고추기름 만들 때 불이 세면 금세 타니 약한 불에서 섞는 느낌으로 볶아요.

2. 달군 냄비에 고춧가루, 식용유를 넣고 약한 불에서 빠르게 볶아 고추기름을 낸다.

3. 채수와 **양념**을 넣고 끓인다.

4. 애호박, 새송이버섯, 양파를 넣고 10분간 끓인다.

모자라는 간은 소금으로 해요.

5. 순두부를 갈라 넣고 5분간 더 끓인 뒤 대파를 올린다.

시금치된장국

4인분

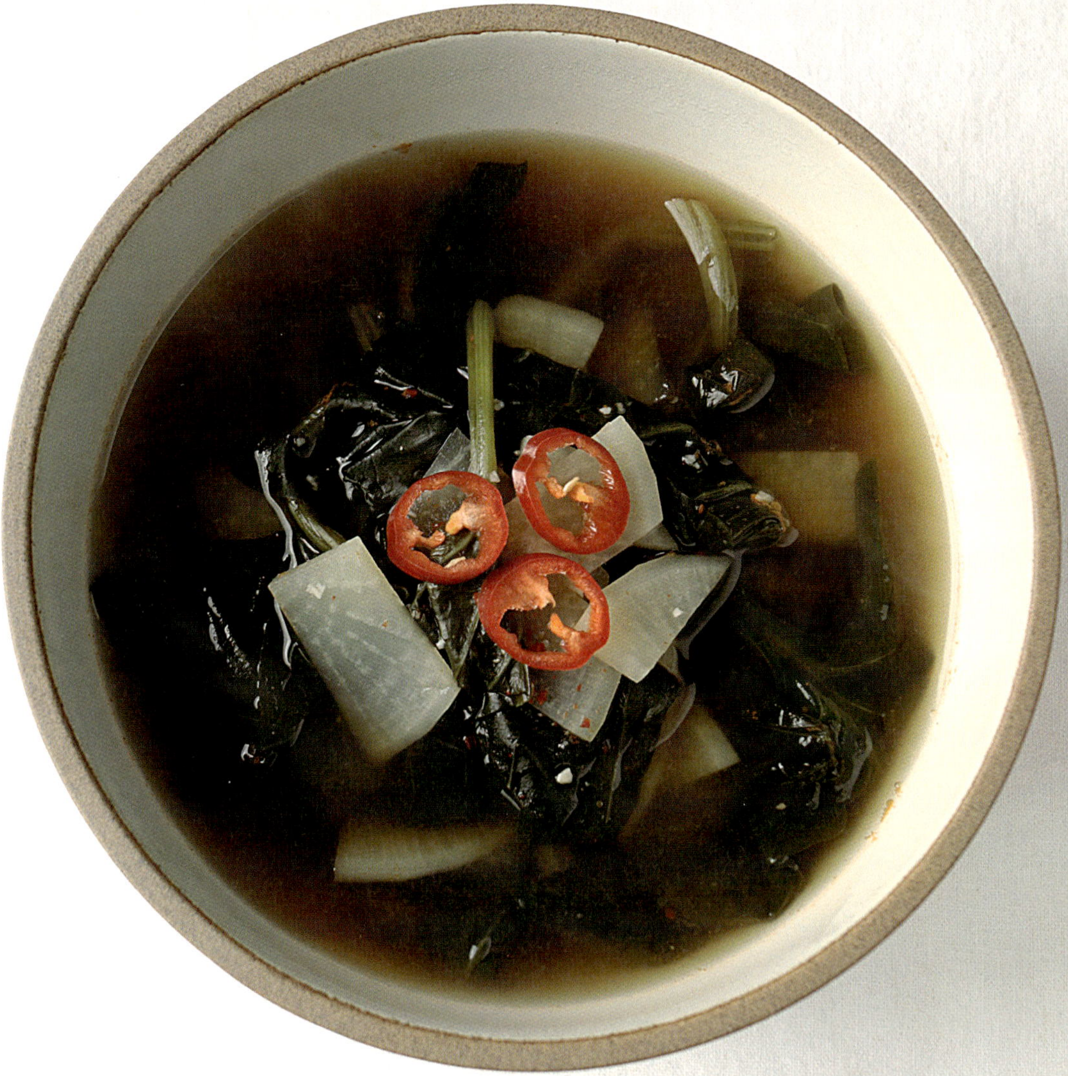

시금치는 각종 영양성분을 함유한 완전식품으로 겨울철 식재료로 쓰임이 좋아요.
생으로 먹는 것보다는 익혀서 먹으면 부드럽고 달곰한 맛이 있어 더 편하게 먹을 수 있어요.
된장을 푼 채수에 넣고 끓이면 감칠맛에 입맛이 확 살아나요.

Ingredients

시금치 1단
무 1/8개(100g)
채수 4컵
된장 1큰술

양념
고춧가루 1/2큰술
다진 마늘 1/3큰술
연두 1큰술
소금 약간

부드럽게 먹고 싶다면 시금치의 질긴 줄기는 잘라요.

1. 시금치는 반으로 썰고, 무는 한입 크기로 썬다.

2. 냄비에 채수를 넣고 끓어오르면 된장을 체에 걸러 가며 푼다.

3. 시금치, 무, **양념**을 넣고 중약불로 5분간 끓인다.

4. 시금치 숨이 죽으면 약한 불로 줄여 10분간 더 끓인다.

배추된장국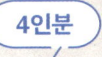

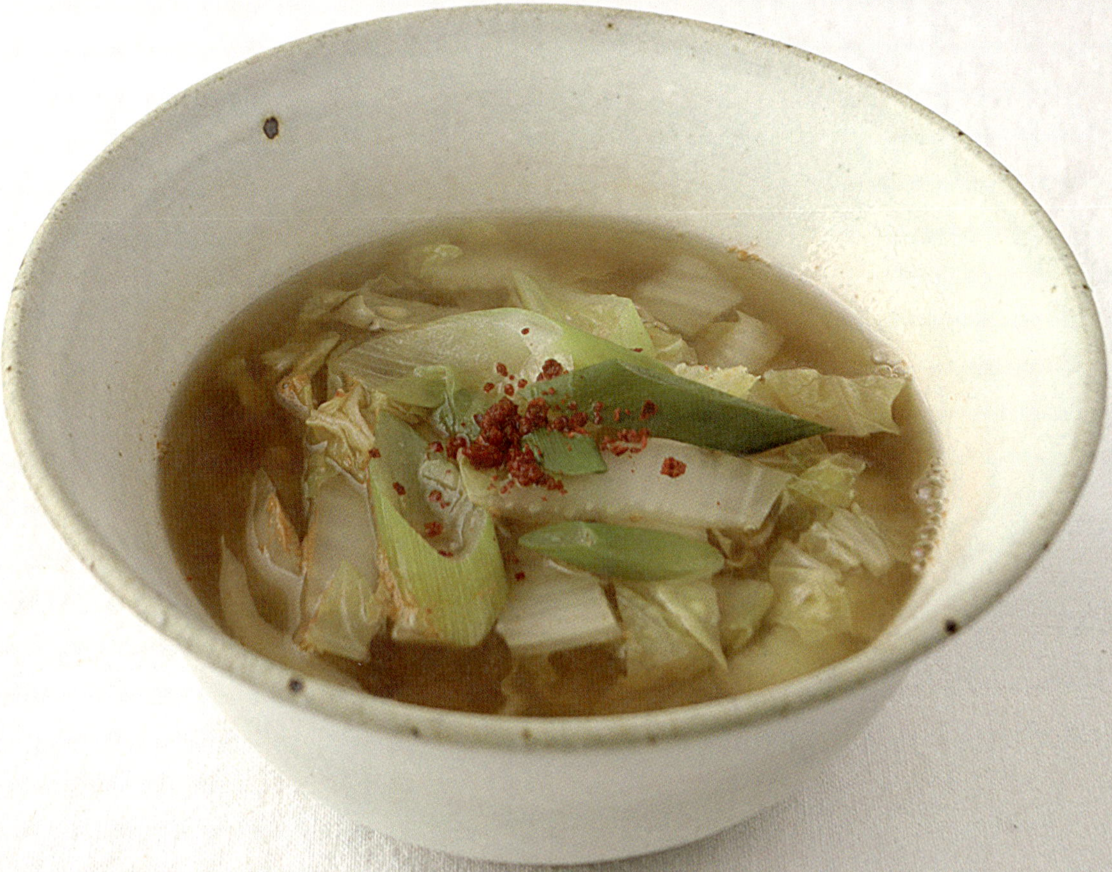

배추는 수분 함량이 약 95%로 높고 식이섬유가 많아 배변 활동에 큰 도움이 되는 식재료예요.
배추의 달콤함과 된장의 구수함이 잘 어울리는 배추된장국은 소화도 잘돼서 추운 날씨에 애용한답니다.
오래 끓여내면 배추가 부드러워져서 밥을 말아 먹기에도 좋아요.

Ingredients

- 알배추 5장
- 대파 1/3대
- 채수 4컵
- 된장 1큰술
- 고춧가루 1/2큰술
- 다진 마늘 1/3큰술
- 연두 1큰술(선택 재료)
- 소금 1/3큰술

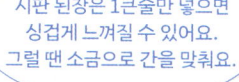
시판 된장은 1큰술만 넣으면 싱겁게 느껴질 수 있어요. 그럴 땐 소금으로 간을 맞춰요.

1. 알배추는 1cm 두께로 썰고, 대파는 어슷 썬다.

2. 냄비에 채수를 넣고 끓어오르면 된장을 체에 걸러 가며 끓인다.

3. 알배추, 고춧가루, 다진 마늘, 연두를 넣고 끓어오르면 중약불로 줄여 5분간 끓인다.

4. 배추의 숨이 죽으면 약한 불로 줄여 10분간 더 끓이고 소금과 대파를 넣고 불을 끈다.

버섯미역국

비건 식단을 하기 전에는 소고기미역국을 좋아해서 한 번 먹으면 서너 그릇을 먹을 정도였어요.
소고기 없는 미역국이 맛있을까 걱정했지만, 오히려 미역의 깊은 맛이 더 잘 느껴졌어요.
깔끔한 국물이 참 좋더라고요. 미역은 혈액을 깨끗하게 해주는 식재료라서 생리 전후로 한번씩 끓여 먹으면 좋아요.

Ingredients

마른 미역 1줌(20g)
표고버섯 2개
참기름 2큰술
다진 마늘 1/2큰술
채수 4컵
간장 3큰술
연두 1큰술(선택 재료)
소금 약간

> 물에 너무 오래 담가 놓으면 영양소가 많이 빠져나가니 미역이 풀릴 정도로만 불려요.

1. 미역은 찬물에 담가 10분 정도 불리고 흐르는 물에 서너 차례 헹군 뒤 한입 크기로 썬다.

2. 표고버섯은 밑동을 제거하고 채 썬다.

> 채수가 졸아들면 물을 1/2컵씩 넣어가며 끓여요.

3. 달군 냄비에 참기름을 두르고 미역, 표고버섯, 다진 마늘을 넣어 중간 불에서 볶는다.

4. 채수, 간장, 연두, 소금을 넣고 중간 불에서 10분간 끓이고 약한 불로 줄여 30분간 끓인다.

들깨감잣국 2인분

감자가 가득 들어가 포만감이 있고, 들깻가루를 듬뿍 넣어 고소한 국이에요.
국에 들깻가루를 바로 넣으면 물과 분리돼서 국물 위로 동동 뜨거든요.
미리 찹쌀가루와 들깻가루를 물에 넣어 섞은 다음 국에 넣으면 걸쭉한 국물의 들깨감잣국이 완성된답니다.

Ingredients

감자 2개
양파 1/2개
채수 3컵
다진 마늘 1/2큰술
간장 2큰술
소금 1/3큰술

들깨 양념장
들깨 6큰술
찹쌀가루 1/2큰술
물 1컵

1. 감자, 양파는 채 썬다.

2. 들깨 양념장 재료를 섞는다.

3. 냄비에 채수를 넣고 끓어오르면 중간 불에서 감자, 양파, 다진 마늘, 간장을 넣고 5분간 끓인다.

4. 감자가 다 익으면 들깨 양념장을 넣고 약한 불로 3분간 끓이고 소금으로 간을 맞춘다.

유부맑은국 `2인분`

분식이나 김밥, 유부초밥에 곁들일 간단한 국이 필요할 때 종종 만드는 유부맑은국이에요.
미리 만들어둔 채수만 있다면 라면보다 더 빨리 끓일 수 있어서 바쁠 때 자주 애용해요.
간단하지만 고소한 유부가 담긴 채수 국물의 깊은 맛이 참 맛있답니다.

Ingredients

유부 4장
대파 1/4대
채수 3컵
소금 1/4큰술

양념

다진 마늘 1/3큰술
간장 1큰술
고춧가루 1/3큰술(선택 재료)

유부를 써는 모양에 따라 식감이 달라지니 다양하게 원하는 모양으로 썰어요.

1. 유부는 4등분하고, 대파는 잘게 다진다.

2. 냄비에 채수를 넣고 센불에서 끓어오르면 중약불에서 유부와 **양념**을 넣고 5분간 끓인다.

3. 불을 끄고 대파를 넣고 소금으로 간을 한다.

뭇국 `2인분`

무가 달콤해지기 시작하는 초겨울이 되면 자주 끓여 먹는 시원한 뭇국이에요.
참기름에 볶아 고소한 맛이 일품이랍니다. 간장의 감칠맛이 입맛을 돋운답니다.
간장 대신 된장 1큰술을 체에 걸러 넣으면 된장국으로 먹을 수도 있어요.

Ingredients

무 1/3개(270g)
대파 1/3대
참기름 1큰술
다진 마늘 1/2큰술
채수 3컵
간장 1큰술
소금 1/4큰술
후춧가루 약간(선택 재료)

1. 무는 얇게 나박 썰고, 대파는 어슷 썬다.

2. 달군 냄비에 무, 참기름, 다진 마늘을 넣고 3분간 볶는다.

거품은 건져내야 깔끔한 맛을 낼 수 있어요.

3. 채수, 국간장, 대파를 넣고 중간 불에서 5분간 끓이다가 중약불로 줄이고 10분간 끓인다.

4. 불을 끄고 소금과 후춧가루로 간을 한다.

콩나물김칫국

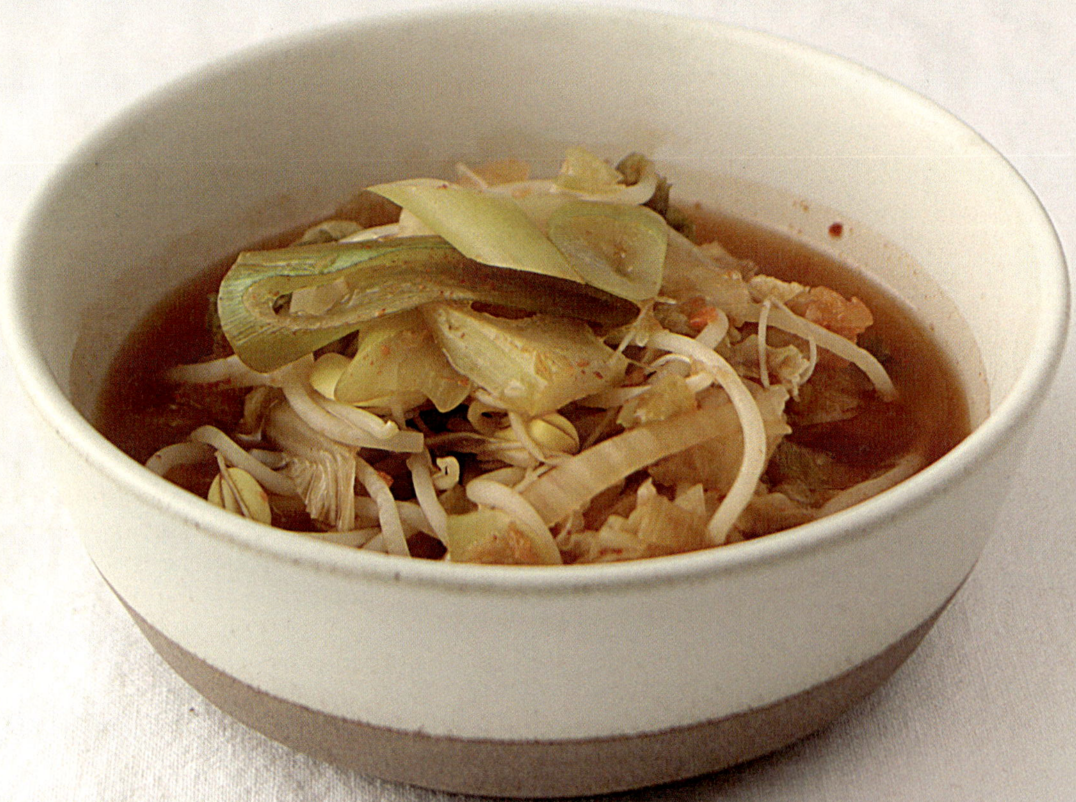

콩나물의 시원한 맛과 잘 익은 김치 맛이 잘 어우러져 먹으면서도 "시원하다!"라는 말이 계속 나올 거예요.
숙취가 있거나 감기 기운이 있을 때 따끈한 해장국으로 추천해요!
김치가 부드러워질 때까지 푹 끓이다가 밥 한 그릇을 넣어 죽으로 만들어 먹어도 맛있어요.

Ingredients

콩나물 1/2봉(150g)
채식 김치 1컵
대파 1/3대
김치 국물 4큰술
물 4컵
소금 약간
연두 1큰술(선택 재료)

1. 콩나물은 흐르는 물에 씻어 체에 밭쳐 물기를 뺀다.

2. 김치는 채 썰고, 대파는 어슷 썬다.

3. 달군 냄비에 김치, 김치 국물, 물을 넣고 3분 정도 끓인다.

4. 콩나물을 넣고 5분간 끓인다.

5. 대파와 소금, 연두를 넣고 한소끔 끓인다.

모자라는 간은 소금으로 맞춰요.

오이미역냉국

4인분

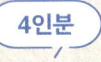

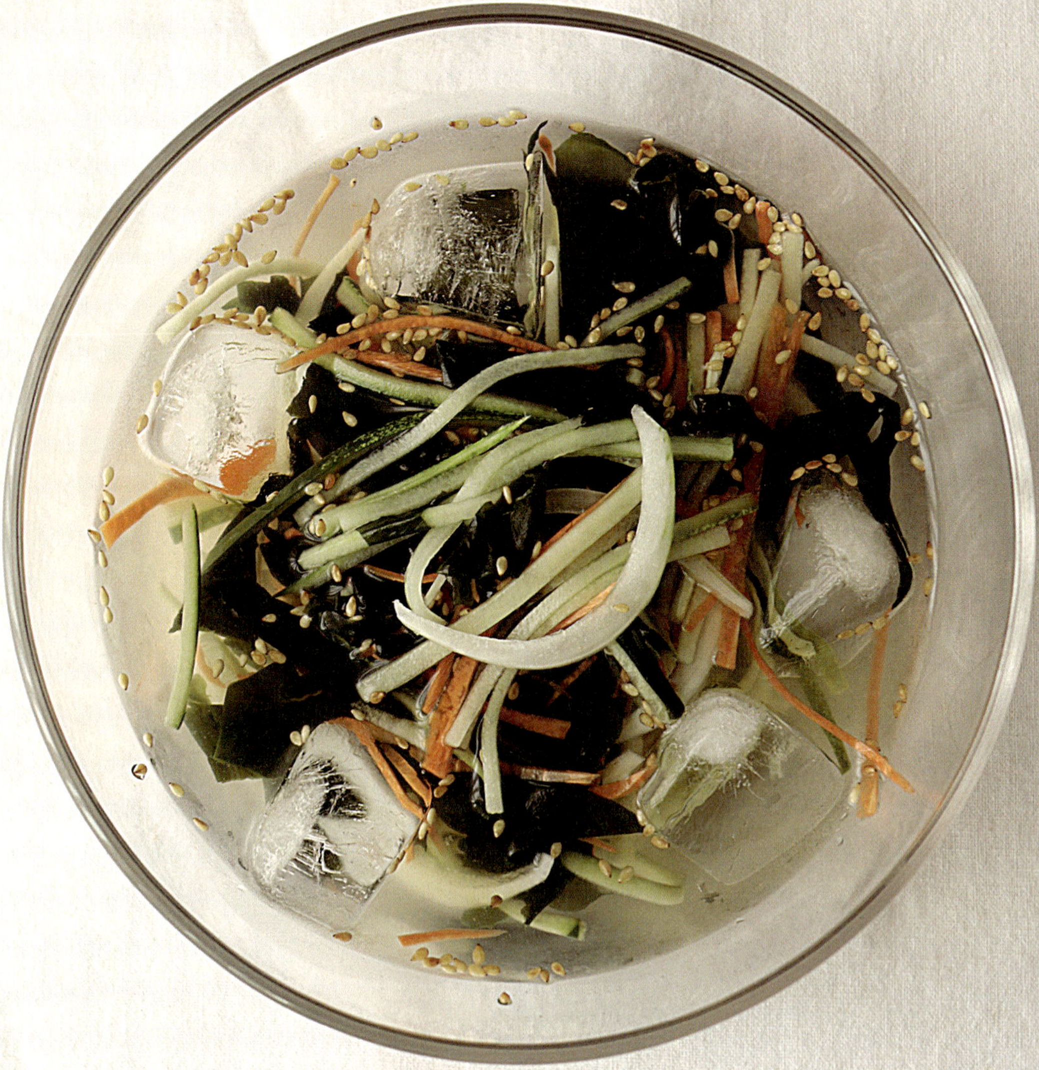

불을 사용하지 않아 푹푹 찌는 여름날 부담 없이 만들어 먹기 좋아요.
김밥, 주먹밥과도 잘 어울려요. 간단하게 시판 동치미 냉면 육수를 냉동실에 잠시 두었다가 건더기 재료 위에 부어 먹는 것도 요리 팁이랍니다.

Ingredients

마른 미역 1큰술(5g)
양파 1/3개
당근 1/6개(30g)
오이 1/3개

국물 재료
채수 2컵
설탕 5큰술
소금 1/2큰술
통깨 1큰술
식초 5큰술

1. 미역은 찬물에 20분간 불린다.

2. 불린 미역은 흐르는 찬물에 헹구고 먹기 좋은 크기로 썬다.

3. 양파, 당근, 오이는 얇게 채 썬다.

4. 볼에 **국물 재료** 넣고 설탕이 녹을 때까지 저어준다.

5. 볼에 미역, 양파, 당근, 오이를 넣고 섞은 후 용기에 담아 냉장 보관해 시원하게 먹는다.

콩나물국 **4인분**

식당에서 나오는 콩나물국은 왜 그렇게 시원하고 고소한지 집에서 몇 번을 재현하다 실패했는데요.
친정엄마의 간단한 비법을 전수받아 간단하면서 맛있는 식당 콩나물국을 드디어 만들게 되었답니다.
그 비법은 바로 꽃소금! 재료가 너무 적어도 걱정하지 말고 만들어보세요.

Ingredients

콩나물 1/2봉(150g)
물 4컵
꽃소금 1/3큰술

> 무농약 콩나물은 식감이 질긴 게 많으니 유기농 콩나물이나 재래시장에서 파는 통통한 국산 콩나물을 구입해요.

1. 콩나물은 흐르는 물에 깨끗하게 씻는다.

2. 냄비에 콩나물과 물을 넣고 뚜껑을 연채로 중간 불로 3분간 끓인다.

3. 끓어오르면 꽃소금을 넣고 약한 불로 줄여 10분간 더 끓인다.

Vegan Recipe

어린 시절 저희 엄마는 제철 채소가 가득한 밥상을 차려주셨어요.

집밥을 만들며 어느새 엄마의 채소 반찬을 그대로 재현하고 있는 저를 발견했어요.

엄마의 밥상에서 배운 반찬은 소금과 간장을 주로 이용해 양념하고 최대한 재료 본연의 맛을

느낄 수 있도록 조리를 단순하게 해요. 자극적인 양념들은 최소한으로 사용하고,

주재료 한 가지만큼은 신선한 제철 식재료를 사용해서 만들어요.

어려운 방법이 없어 초보자도 쉽게 따라 할 수 있는 반찬이 많으니

차근차근 쉽게 비건 음식을 접해 보세요.

Part 3

자꾸자꾸 손이 가는 **반찬**

콩나물무침

4회분

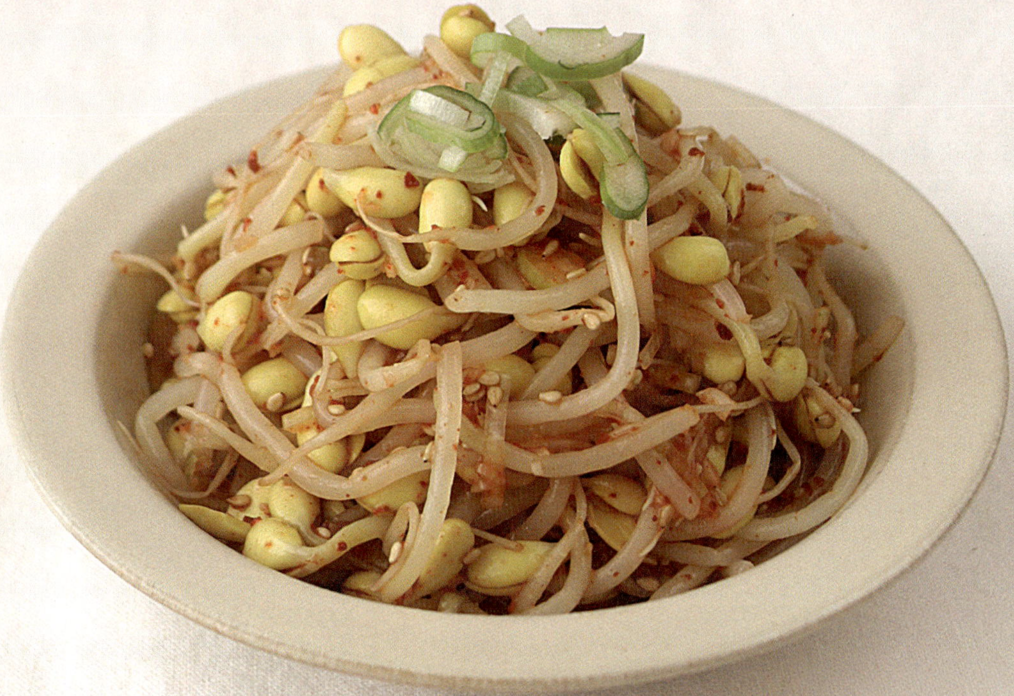

콩나물무침은 만들어두면 쓰임이 많아요. 특히 비빔밥에 넣어 비벼 먹으면 식감이 다양해 포인트가 된답니다. 또 김밥의 속 재료로 사용해도 좋아요. 국내산 콩을 사용한 콩나물을 구입해서 맛도 건강도 함께 챙겨보세요.

Ingredients   콩나물 1봉지(300g)   **양념**
　　　　　　 대파 1/4대　　　　 소금 1/3큰술
　　　　　　　　　　　　　　　 고춧가루 1/2큰술
　　　　　　　　　　　　　　　 다진 마늘 1/2큰술
　　　　　　　　　　　　　　　 참기름 2큰술
　　　　　　　　　　　　　　　 통깨 1큰술

잔뿌리에 영양분이 많으니 뿌리는 최대한 남겨요.

1. 콩나물은 다듬고 흐르는 물에 가볍게 헹군다.

2. 냄비에 콩나물을 넣고 콩나물이 2/3 정도 잠길 만큼 물을 붓고 뚜껑을 열고 끓인다.

찬물에 바로 헹궈야 식감이 아삭아삭해요.

3. 물이 끓어오르면 불을 끄고 재빨리 찬물에 헹구고 체에 밭쳐 물기를 뺀다.

4. 대파는 송송 썬다.

5. 콩나물에 **양념**, 송송 썬 대파를 넣어 무친다.

청포묵무침 4회분

녹두를 갈아 만든 청포묵은 몸의 열을 내려주는 성질이 있어서 여름철 반찬으로 자주 쓰여요.
탱글탱글하면서도 부드러운 식감이 재미있고, 향이 진하지 않아 다른 재료와 잘 어우러진답니다.
열량이 낮고 지방이 없어서 다이어트 반찬으로도 좋으니 맛있게 만들어 많이 드세요.

Ingredients 청포묵 1모(400g)

양념
소금 1/3큰술
참기름 2큰술
통깨 1큰술

1. 청포묵은 길게 채 썬다.

청포묵이 투명해지면 불을 꺼요.

2. 끓는 물에 청포묵을 넣고 약 5분간 끓인다.

3. 체에 밭쳐 물기를 뺀다.

조미 김을 가위로 얇게 썰어 함께 무쳐도 맛있어요.

4. 청포묵에 **양념**을 넣어 무친다.

오이지무침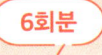

여름이 제철인 오이는 수분이 많고 조직이 연해서 오래 보관하기 어려워요. 그래서 소금에 절여 오이지로 만들어 먹죠. 오이지는 그냥 먹어도 맛있지만, 참기름과 고춧가루 양념을 넣어 무치면 훨씬 더 맛있어져요. 여름 더위에 입맛이 없을 때 누룽지를 끓여서 오이지무침과 함께 먹어보세요. 입맛이 금방 되살아날 거예요.

Ingredients 오이지 3개 **양념**
대파 1/4대 설탕 1큰술
고춧가루 1/2큰술
다진 마늘 1/2큰술
참기름 1큰술
통깨 1큰술

1. 오이지를 얇게 썬다.

식초를 1큰술 넣은 물에 헹구면 묵은내가 사라져요.

2. 얇게 썬 오이지를 물에 10분간 담군 뒤 물에 헹군다.

물기를 최대한 짜야 오이지의 식감이 꼬들꼬들해요.

3. 오이지를 면포에 담아 꼭 짜서 물기를 제거한다.

4. 대파는 송송 썬다.

5. 오이지에 **양념**, 송송 썬 대파를 넣어 무친다.

오이무침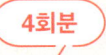

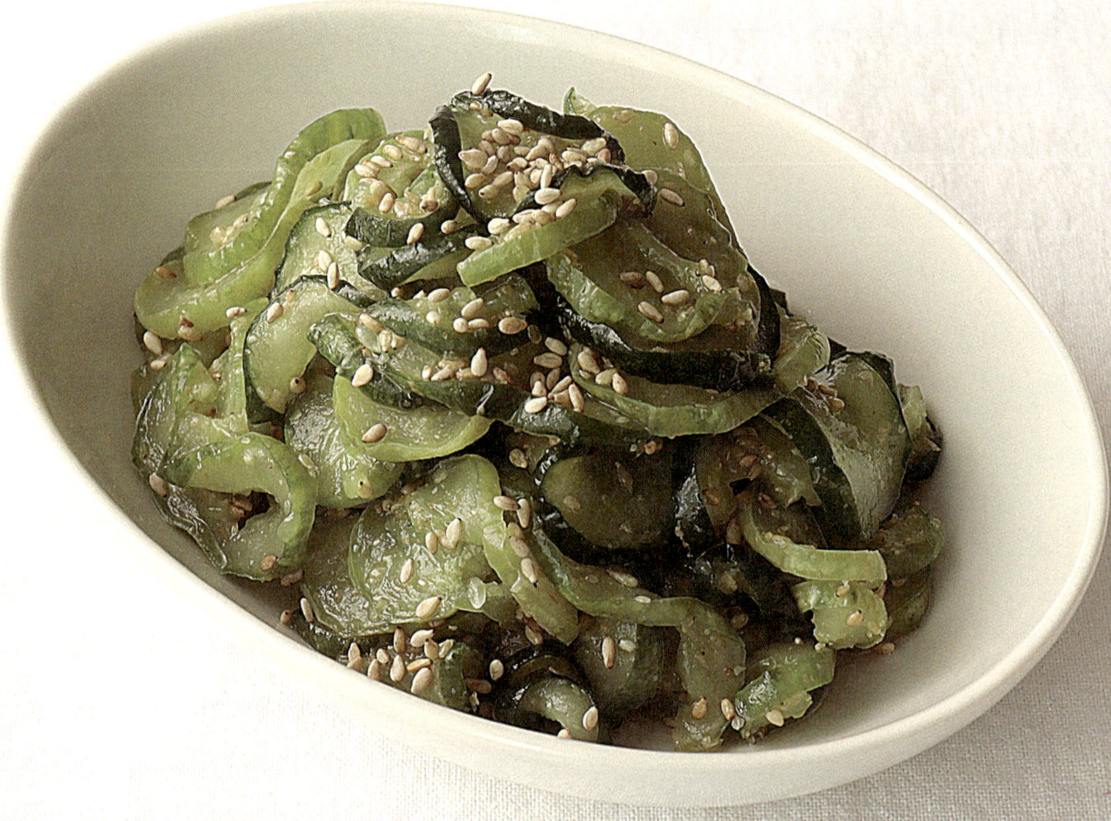

달콤하면서도 새콤한 오이무침은 여러 요리와 어울림이 좋아서 단골 반찬이에요.
밥뿐 아니라 빵에 곁들여도 잘 어울린답니다. 양념은 최소한으로 하고 오이 자체의 천연 수분을 음미해 보세요.
오이가 제철인 여름에 유기농을 이용하면 좀 더 진한 오이의 맛을 즐길 수 있어요.

Ingredients

오이 2개
소금 1/3큰술

양념
설탕 1큰술
으깬 통깨 1큰술
매실액 1큰술
참기름 1큰술

1. 오이는 얇게 썰어 소금에 20분간 절인다.

덜 짜서 물기가 많으면 양념을 넣고 무쳤을 때 물이 흥건해 질 수 있어요.

2. 절인 오이는 물에 한 번 헹구고 면포에 담아 꾹 짜서 물기를 제거한다.

냉장 보관해 시원하게 먹으면 더 맛있어요.

3. 오이에 **양념**을 넣어 무친다.

브로콜리두부무침 `4회분`

브로콜리는 항산화성분이 풍부하고 몸에 유익한 영양소가 많아 자주 챙겨 먹으면 좋답니다.
담백한 두부의 수분을 짜내고 포슬포슬한 식감을 살린 다음 고소한 양념을 더해
브로콜리와 함께 무쳐내면 자주 먹어도 질리지 않고 맛도 영양도 좋은 반찬이 만들어져요.

Ingredients

두부 1/2모(150g)
브로콜리 1개

양념
소금 1/3큰술
참기름 1큰술
통깨 1큰술

1. 브로콜리는 한입 크기로 썬다.

데쳐서 사용해도 좋아요.

2. 찜기에 물을 올려 끓어오르면 브로콜리를 2분간 찐 뒤 식힌다.

최대한 물기 없이 포슬포슬하도록 꾹 짜요.

3. 두부는 끓는 물에 5분간 데친 후 면포에 담아 꾹 짜서 물기를 제거한다.

4. 두부에 **양념**을 넣고 살살 버무린다.

5. 브로콜리를 넣어 가볍게 섞는다.

도토리묵 `4회분`

탱글탱글한 식감이 매력적이고 시원한 채소와의 궁합이 좋아서 여름철 인기 반찬인 도토리묵.
특히 간장 베이스인 양념과의 궁합이 참 잘 어울리는 반찬이죠.
한식 버전의 가벼운 샐러드를 먹고 싶을 때 만들어보세요.
묵으로 만든 요리라 열량이 낮아 실컷 먹어도 여름철에 살찔 염려가 없답니다.

Ingredients

도토리묵 1모(400g)

양념
설탕 1/2큰술
고춧가루 1/2큰술
다진 대파 1큰술
다진 마늘 1/2큰술
간장 2큰술
매실액 1큰술
참기름 1큰술
통깨 1큰술

> 차갑게 보관된 도토리묵이 아니라면 데치는 과정은 생략해도 돼요.

1. 도토리묵은 끓는 물에 5분간 데친 뒤 한 김 식힌다.

2. 도토리묵은 한입 크기로 썬다.

3. 양념 재료는 섞는다.

4. 그릇에 도토리묵을 담고 그 위에 양념을 올린다.

연근유자무침 `4회분`

연근은 몸에 좋은 성분이 많아 먹거리뿐만 아니라 약재로도 사용이 되는 식재료예요.
은은한 단맛이 있는 연근을 가볍게 데친 후 비타민이 잔뜩 들어 있는 유자청과 함께 버무려 먹으면
기운이 떨어지기 쉬운 환절기에 기력도 회복시켜주고 몸을 건강하게 만드는 반찬으로 좋답니다.

Ingredients

연근 1개(250g)
소금 1/3큰술
유자청 5큰술

1. 연근은 0.3cm 두께로 얇게 썬다.

2. 끓는 물에 소금, 연근을 넣어 2분간 데친 뒤 체에 밭쳐 물기를 뺀다.

유자청의 식감이 좋다면 그대로 사용해도 괜찮아요.

3. 유자청은 잘게 다진다.

4. 연근과 유자청을 골고루 버무린다.

감자당근볶음

4회분

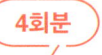

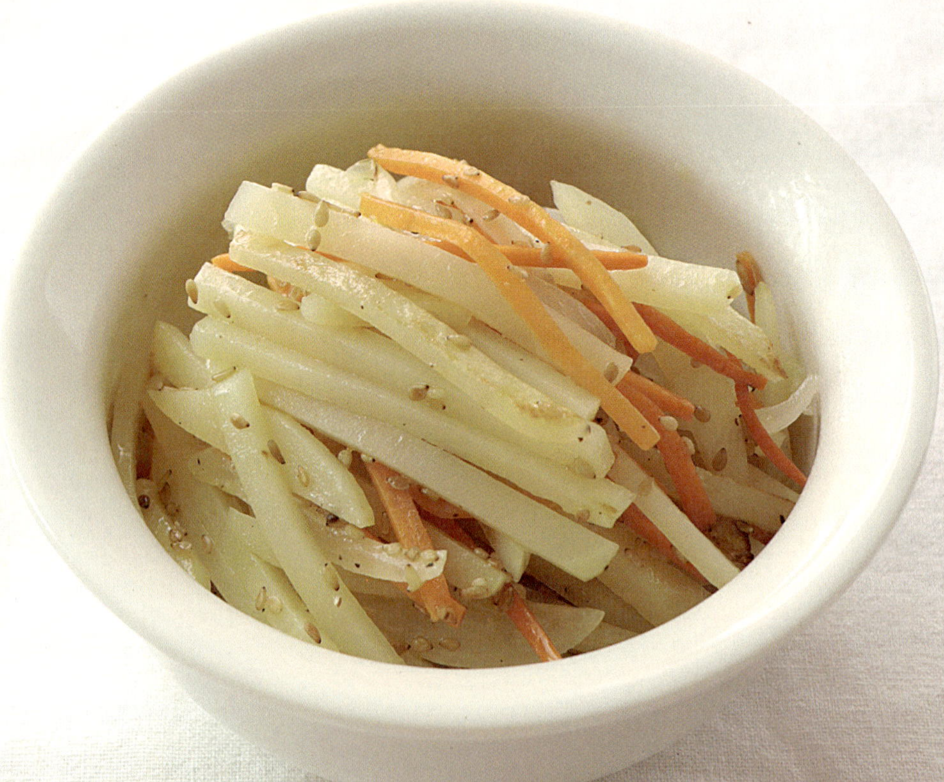

포슬포슬해서 맛있는 햇감자가 나오는 늦여름에 꼭 만들어 먹는 감자당근볶음이에요.
감자랑 당근을 얇게 채 썰어서 재빠르게 볶으면 모양도 예쁘게 유지할 수 있어요.
밥 위에 가득 올려서 간장, 참기름만 넣고 비벼 먹어도 별미랍니다.

Ingredients

감자 2개
당근 1/3개(60g)
양파 1/4개
소금 1/3큰술
후춧가루 약간
통깨 1/2큰술
식용유 3큰술

물에 잠시 담가 전분기를 제거하면 깔끔한 맛의 감자볶음을 만들 수 있어요.

1. 감자는 얇게 채 썰어 찬물에 5분간 담가 전분기를 제거하고 체에 밭쳐 물기를 뺀다.

2. 당근과 양파는 얇게 채 썬다.

3. 달군 팬에 식용유를 두르고 감자, 당근, 양파, 소금을 넣고 볶는다.

4. 감자가 다 익으면 불을 끄고 후춧가루와 통깨를 뿌린다.

브로콜리마늘볶음

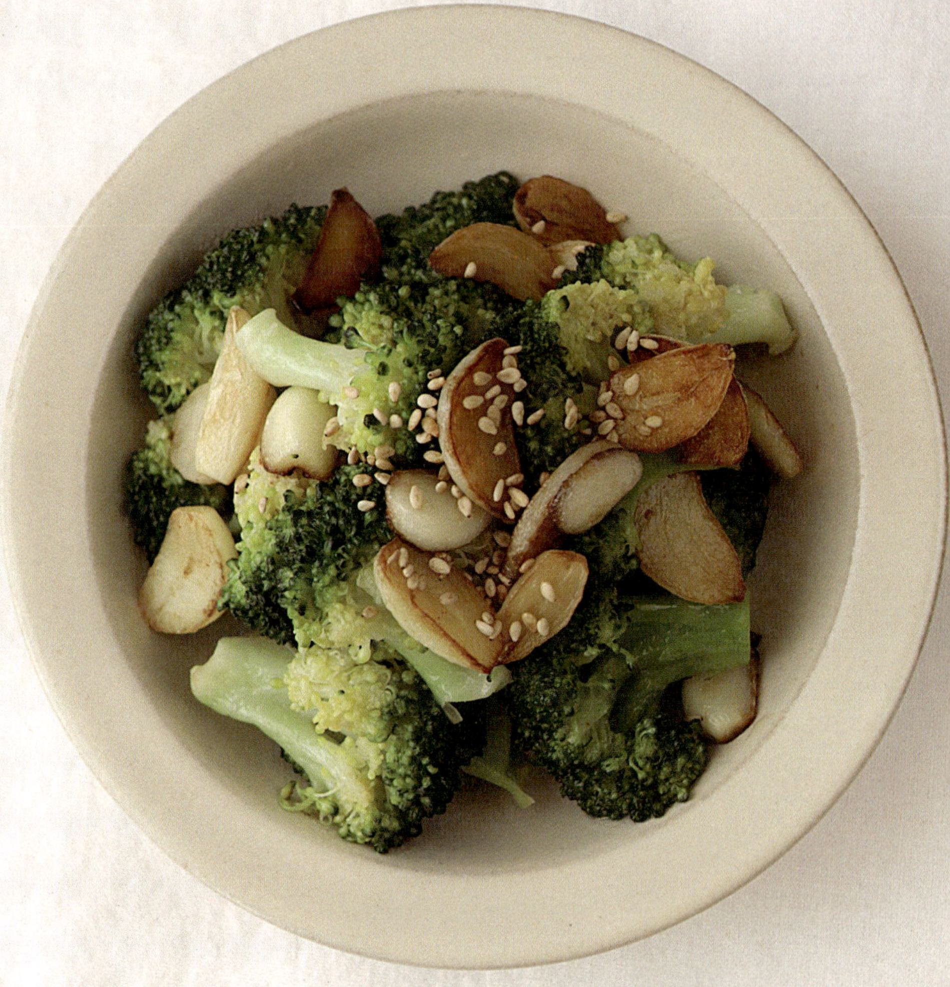

항산화 효능으로 가득한 브로콜리와 천연 강장제인 마늘을 함께 볶아 먹으면 그야말로 보양 반찬이에요.
쌀쌀한 날에 밥과 함께 브로콜리마늘볶음을 먹으면 몸이 따뜻해진답니다.
양념도 크게 필요 없어요. 소금과 통깨면 브로콜리와 마늘 고유의 맛을 잘 살려줄 거예요.

Ingredients

브로콜리 1개
마늘 10개
소금 1/3큰술
통깨 1큰술
식용유 2큰술

브로콜리같이 씻기 어려운 채소는 유기농으로 구매해서 흐르는 물에 가볍게 세척하면 편해요.

1. 브로콜리는 한입 크기로 썰고, 마늘은 세로로 반 가른다.

데쳐도 좋아요.

2. 냄비에 찜기를 올려 물이 끓어오르면 브로콜리를 넣고 2분간 찐다.

3. 달군 팬에 식용유를 두르고 마늘을 볶는다.

4. 마늘이 연한 갈색으로 변하면 브로콜리와 소금을 넣고 가볍게 볶고 통깨를 뿌린다.

마늘종볶음

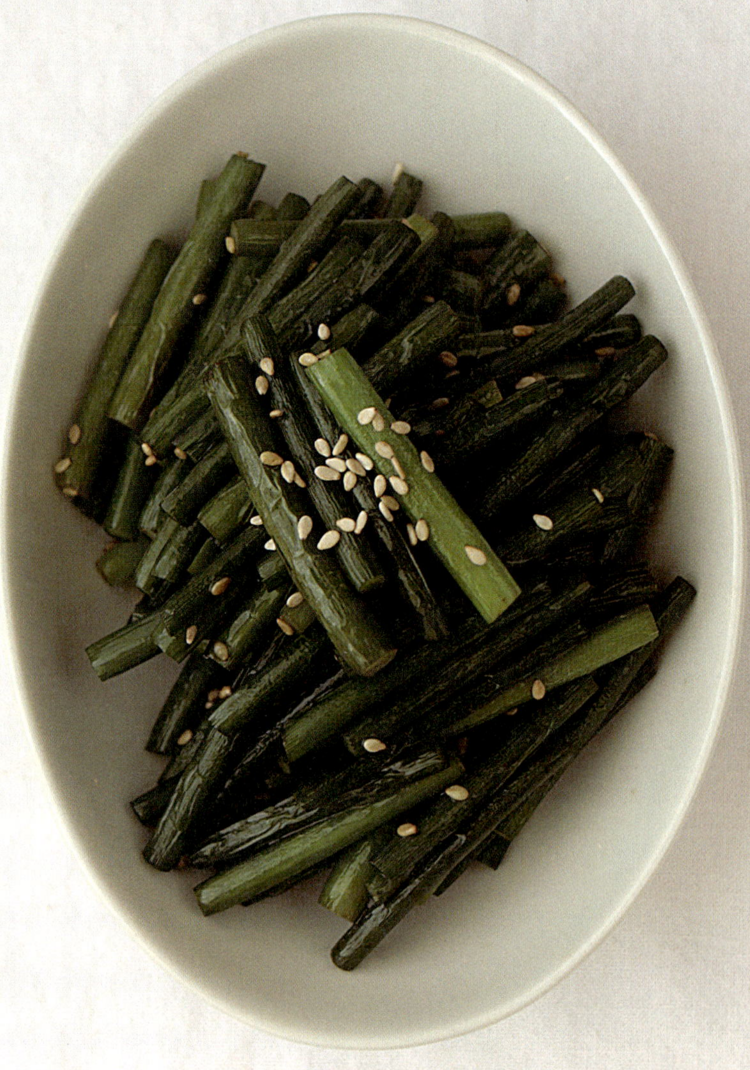

마늘종은 아삭아삭하면서 은근히 알싸한 매운맛이 매력적인 식재료예요. 제철인 6월이 되면 마트에 나오기 시작하는데요. 보이기 시작할 때 바로 구입하면 연하고 부드럽게 먹을 수 있어요. 가볍게 물로만 볶고 마지막에 참기름만 살짝 추가하기 때문에 맛이 아주 깔끔하답니다.

Ingredients

마늘종 200g
물 4큰술
소금 1/3큰술
참기름 1큰술
통깨 1큰술

1. 마늘종은 꽃대 부분을 제거하고 4cm 길이로 썬다.

수분이 부족하면 물을 1큰술씩 추가로 넣어가며 볶아요.

2. 달군 팬에 물을 넣고 끓기 시작하면 마늘종을 넣어 볶는다.

딱딱했던 마늘종이 부드러워지기 시작할 때까지 볶고, 더 부드러운 식감을 원하면 볶는 시간을 늘려요.

3. 마늘종이 익으면 소금으로 간을 하고 불을 끄고 참기름과 통깨를 넣어 섞는다.

애호박볶음 4회분

애호박은 덜 자란 어린 호박으로 소화 흡수가 잘 되고, 더위를 이기는 데 도움이 되는 대표적인 채소예요.
애호박을 고소한 기름에 볶으면 생으로 먹을 때보다 부드럽고 달콤해져 더 맛있죠.
풍부한 섬유질과 비타민, 미네랄을 함유하고 있고, 저열량 반찬이라 다이어트에도 좋답니다.

Ingredients

애호박 1개
양파 1/2개
당근 약간(10g, 생략 가능)
쪽파 약간(10g, 생략 가능)
소금 1/3큰술
다진 마늘 1/2큰술
통깨 1큰술
식용유 2큰술

> 소금으로 절인 뒤 볶으면 모양이 잘 부서지지 않아요.

1. 애호박은 반 갈라 반달로 얇게 썰어 소금을 뿌려 10분간 절인다.

2. 양파는 채 썰고, 당근은 한입 크기로 썰고, 쪽파는 잘게 썬다.

3. 달군 팬에 식용유, 다진 마늘을 넣어 재빨리 볶는다.

4. 마늘 향이 올라오면 양파를 넣어 볶는다.

5. 양파가 반쯤 투명해지면 애호박과 당근을 넣고 볶는다.

> 간이 부족하면 소금으로 맞춰요.

6. 애호박이 다 익으면 불을 끄고 쪽파와 통깨를 넣어 섞는다.

표고버섯볶음

기름에 살짝 볶아내면 더욱 풍미가 살아나는 표고버섯볶음은 씹는 맛이 일품이고,
단독으로도 먹어도, 비빔밥 재료로도 어울리죠. 특히 고기와 비슷한 식감과 맛이 있어
비건 식사를 처음 접할 때 추천하는 반찬이에요. 표고버섯은 지방이 적고 식이섬유소가 풍부해
식단 관리에 도움이 되고, 혈관 건강과 변비에도 도움이 된다고 하니 자주 챙겨 먹어요.

Ingredients

표고버섯 8개
파프리카 1/2개
양파 1/2개
통깨 1/2큰술
참기름 1큰술
식용유 2큰술

양념

소금 1/4큰술
다진 마늘 1/2큰술
간장 1큰술
맛술 1큰술
물 2큰술

마른 표고버섯을 불려서 사용해도 맛있어요. 충분히 불려 부드러워지면 물기를 짜서 사용해요.

1. 표고버섯은 밑동을 제거해 얇게 썰고, 파프리카와 양파는 얇게 채 썬다.

2. 양념 재료는 섞는다.

3. 달군 팬에 식용유를 두르고 양파, 파프리카, 표고버섯, 양념을 넣어 볶는다.

4. 표고버섯이 익으면 불을 끄고 통깨와 참기름을 넣어 섞는다.

새송이버섯조림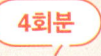

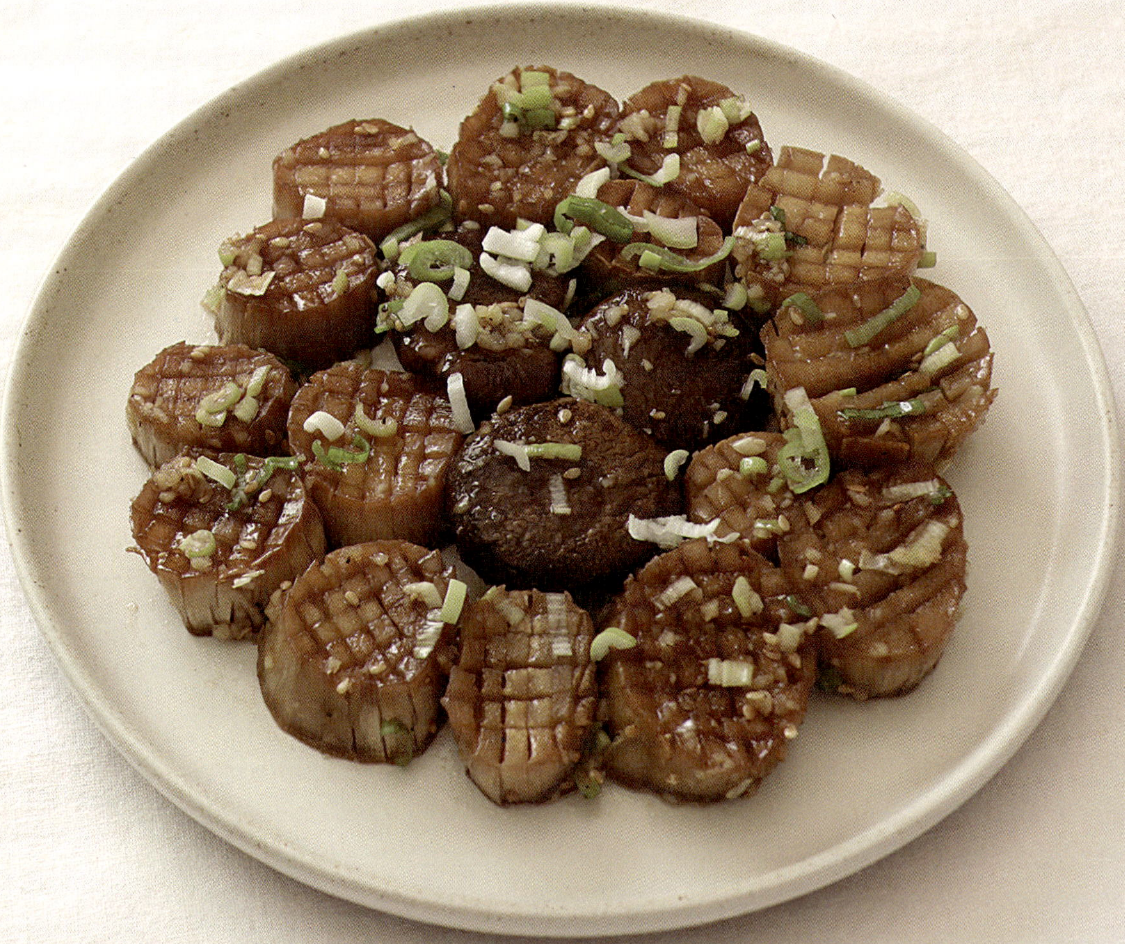

자르는 모양에 따라 식감이 다른 새송이버섯은 특히 가로로 썰어서 칼집을 내면
오독오독 씹히는 식감에 먹는 재미가 있어요. 버섯의 칼집 사이에 달콤한 간장 양념을 넣어 졸이면
감칠맛이 폭발해서 밥 한 그릇이 순식간에 사라진답니다.

Ingredients

새송이버섯 3개
대파 1/4대
참기름 1큰술
통깨 1큰술
식용유 3큰술

양념
설탕 2큰술
다진 마늘 1/2큰술
물 3큰술
간장 2큰술
맛술 2큰술
소금 약간
후춧가루 약간

병뚜껑에 위에 올려놓고 썰면 적당한 깊이의 칼집을 낼 수 있어요.

1. 새송이버섯은 1cm 두께로 썬 뒤 칼집을 내고, 대파는 다진다.

2. 양념 재료는 섞는다.

3. 달군 팬에 식용유를 두르고 새송이버섯을 앞뒤로 노릇하게 굽는다.

4. 양념을 넣어 양념이 반 정도 졸아들 때까지 새송이버섯을 앞뒤로 뒤집어가며 굽는다.

5. 다진 대파, 참기름, 통깨를 뿌려 가볍게 섞는다.

두부조림 `4회분`

두부는 우리 집 필수 식재료인데요. 팬에 기름을 두르고 바싹하게 구운 두부에
양념을 넣어 졸이면 허전한 밥상을 단숨에 군침 도는 밥상으로 바꿔줘서 자주 만드는 반찬이기도 해요.
요리 초보라도 맛있게 만들 수 있을 만큼 조리법이 간단하니 저의 비법 양념으로 맛있게 만들어보세요.

Ingredients

두부 1모(300g)
대파 1/2대
소금 약간
참기름 1큰술
통깨 1/2큰술
식용유 3큰술

양념
대파 1/4대
설탕 1큰술
고춧가루 1/2큰술
다진 마늘 1/3큰술
물 3큰술
간장 2큰술
맛술 1큰술

1. 두부를 먹기 좋은 크기로 썰어 키친타월에 올려 물기를 제거한다.

2. 대파는 송송 썬다.

3. 양념 재료의 대파를 잘게 다져 나머지 재료와 잘 섞는다.

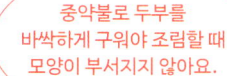

중약불로 두부를 바싹하게 구워야 조림할 때 모양이 부서지지 않아요.

4. 달군 팬에 식용유를 두르고 두부에 소금을 뿌려 앞뒤로 노릇하게 굽는다.

5. 양념을 넣고 약한 불에서 끓이다가 양념이 잘 배어들면 중간 불로 올려 양념이 반으로 줄어들 때까지 조린다.

6. 불을 끄고 대파, 참기름, 통깨를 뿌린다.

우엉조림 `4회분`

우엉조림은 반찬으로도 김밥 재료로도 활용할 수 있어서 자주 만들어요.
만드는 과정에서 우엉을 썰고 난 후 갈변을 막기 위해 식초 탄 물에 담가두기도 하는데요.
물에 담그지 않고 바로 팬에 볶아 만들면 영양소도 빠져나가지 않고 아작아작한 식감이 살아 더 맛있어진답니다.

Ingredients

우엉 1개(150g)
조청 2큰술
참기름 1큰술
검정 깨 1/2큰술
식용유 2큰술

양념
설탕 2큰술
간장 3큰술
맛술 1큰술
채수 5큰술

재빠르게 볶기 위해 최대한 얇게 썰어요.

1. 우엉은 얇게 채 썬다.

2. **양념** 재료는 섞는다.

국물이 최대한 없어질 때까지 조려요.

3. 달군 팬에 식용유를 두르고 우엉을 5분 정도 볶다가 숨이 죽으면 양념을 넣고 5분간 조린다.

4. 우엉이 익으면 불을 끄고 조청, 참기름, 검정 깨를 넣어 섞는다.

감자조림 `4회분`

달콤하면서도 짭조름한 맛과 포슬포슬한 식감이 더해져서 감자를 더 맛있게 먹을 수 있는 반찬입니다.
방금 막 만든 따끈한 감자조림을 밥 위에 올려 먹으면 입에서 사르르 녹는 듯한 식감에 기분까지 좋아져요.
양파를 함께 조리면 달콤함과 부드러움이 배가 돼서 더 맛있어요.

Ingredients		
감자 3개		**양념**
양파 1/2개		설탕 3큰술
참기름 1큰술		물 4큰술
검정 깨 1/2큰술		간장 4큰술
		조청 1큰술

1. 감자와 양파는 먹기 좋게 한입 크기로 썬다.

2. 감자는 찬물에 3분간 담군 뒤 헹궈서 전분기를 제거한다.

감자의 양에 따라 조리 시간이 다르니 중간에 익었나 꼭 확인해요.

3. 냄비에 감자, 양파, **양념**을 넣고 뚜껑을 닫고 중약불로 8분간 끓인다.

4. 감자가 다 익으면 불을 끄고 참기름과 검정 깨를 넣어 섞는다.

부추버섯전

4회분

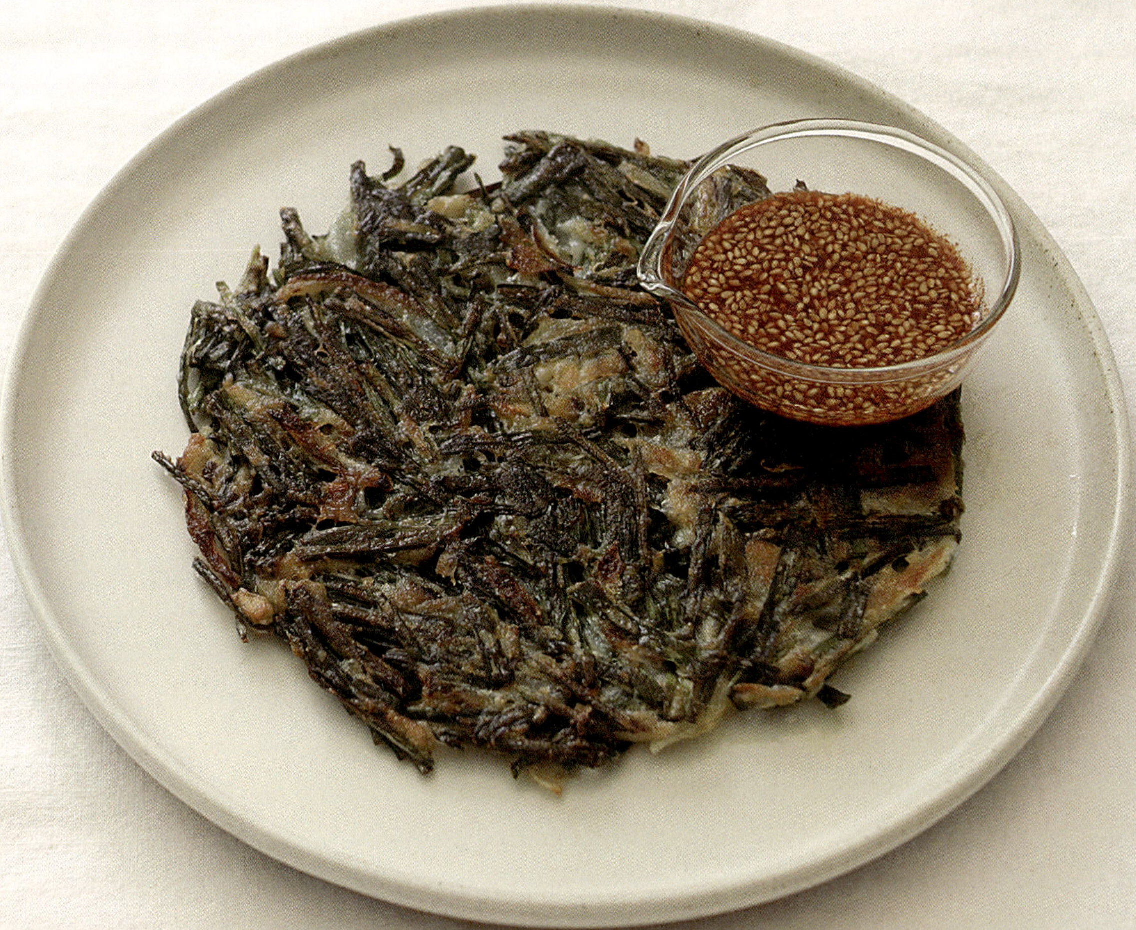

피를 맑게 해주는 부추는 가족의 건강을 챙길 때 신경 써서 장바구니에 꼭 담아오는 식재료예요.
부추를 사 오면 먼저 부침개로 만든답니다. 부추에 버섯과 양파를 더해서 다양한 식감도 놓치지 않았어요.

Ingredients

부추 1줌(150g)
양파 1/2개
표고버섯 2개
식용유 4큰술

반죽
튀김가루 2컵
물 1+1/2컵
소금 1/3큰술

양념장
고춧가루 1/2큰술
간장 2큰술
식초 1큰술
매실액 1큰술
통깨 1/3큰술

1. 부추는 3cm 길이로 썰고, 양파는 채 썰고, 표고버섯은 밑동을 떼고 다진다.

2. 볼에 **반죽** 재료를 넣고 섞는다.

> 뻑뻑하게 느껴지는 정도로 반죽하면 바싹하게 부치기 좋아요.

3. 반죽에 부추, 양파, 표고버섯을 넣어 섞는다.

> 반죽을 작게 올려서 얇게 펴서 부치고, 식힘 망에 두어서 열기를 조금 빼고 담으면 바삭함이 오래가요.

4. 달군 팬에 식용유를 두르고 3을 넣어 앞뒤로 노릇하게 부친다.

5. 양념장 재료는 잘 섞어 전과 함께 곁들인다.

감자김치전

김치전은 잘 익은 김치만 있다면 맛이 어느 정도는 보장되지만 부침개의 핵심인
바삭한 식감 내기가 은근히 어려운 음식이에요. 김치 외에 다른 식재료를 넣으면
김치의 짠맛을 잡고 감칠맛도 늘어 맛이 더 좋아요. 특히 채 썬 감자는 달달한 맛을 더하고,
감자의 전분이 추가되어 바삭한 김치전을 만들기가 쉬워진답니다.

Ingredients

채식 김치 1+1/2컵(300g)
감자 1개
팽이버섯 1/2봉
식용유 4큰술

반죽

튀김가루 2+1/2컵
전분가루 1큰술
소금 1/3큰술
물 2컵

1. 속을 털어낸 김치와 감자는 얇게 채 썰고, 팽이버섯은 작게 썬다.

2. 반죽 재료를 섞는다.

쪽파를 약간 추가해도 좋아요.

3. 반죽에 김치, 감자, 팽이버섯을 넣어 섞는다.

센 불에 부치면 타기 쉬우니 중간 불에 천천히 부쳐요. 식힘 망에 두어서 열기를 조금 빼고 담으면 바삭함이 오래가요.

4. 달군 팬에 식용유를 두르고 3을 1국자씩 넣고 앞뒤로 노릇하게 부친다.

연근옥수수전

연근은 피로 해소에 좋은 겨울 제철 재료예요. 강판에 갈아 전으로 부치면 쫀득쫀득한 식감과 달콤한 맛이 감자전 식감과 비슷해 친근하면서도 연근만의 매력이 있답니다.
옥수수를 넣어서 씹히는 식감을 주고, 청양고추를 더해서 적당한 매콤함까지 있어요.
아이와 함께 먹는다면 청양고추를 빼고 만들어보세요. 인기 만점이랍니다.

Ingredients

연근 1개(300g)
통조림옥수수 3큰술
청양고추 4개
양파 1/4개
튀김가루 1/2컵
소금 1/3큰술
물 1/2컵
식용유 4큰술

> 연근 대신 감자로 만들어도 되고, 연근과 감자를 1:1로 섞어서 만들어도 맛있어요.

1. 연근은 강판에 간다.

2. 옥수수는 체에 밭쳐 물기를 빼고, 청양고추와 양파는 잘게 다진다.

> 얼음물로 반죽을 하면 더 바삭하게 구울 수 있어요.

3. 볼에 간 연근, 옥수수, 청양고추, 양파, 튀김가루, 소금, 물을 넣고 섞는다.

> 식힘 망에 두어서 열기를 조금 빼고 담으면 바삭함이 오래가요.

4. 달군 팬에 식용유를 두르고 3을 1큰술씩 넣고 앞뒤로 노릇하게 부친다.

애호박양파전

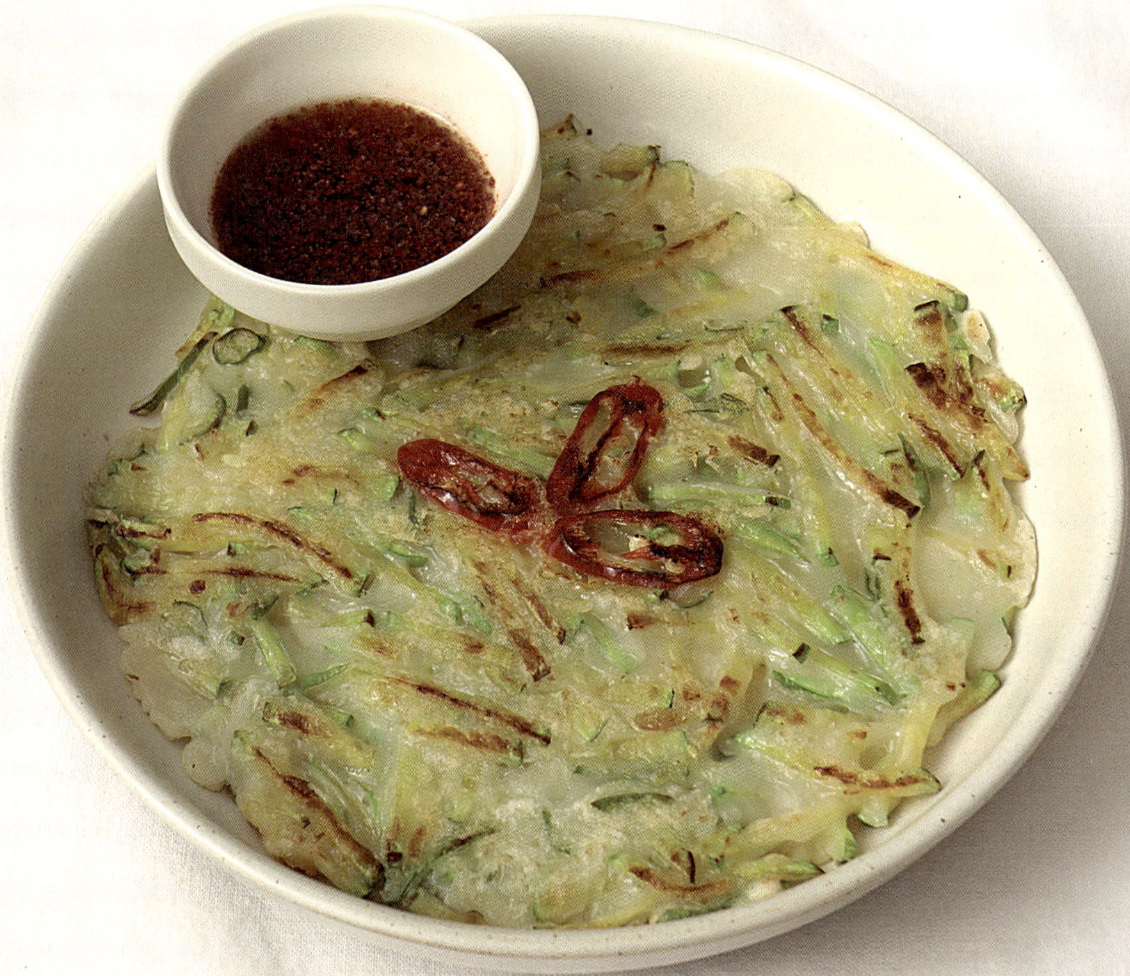

사계절 내내 손쉽게 구할 수 있는 애호박과 양파 그리고 청양고추로 만든 달콤한 부침개입니다.
애호박과 양파는 천연 그대로의 단맛이 가득하고, 많이 먹으면 느끼해지기 쉬운 맛은
매콤한 청양고추로 잡았답니다. 고춧가루와 간장을 넣어 만든 양념장은 감칠맛을 더해준답니다.

Ingredients

애호박 1개
양파 1/2개
청양고추 4개
소금 1/3큰술
식용유 4큰술

반죽
튀김가루 2컵
물 1+1/2컵
소금 1/3큰술

양념장
설탕 1큰술
고춧가루 1/2큰술
물 2큰술
식초 1큰술
맛술 1큰술
간장 3큰술
매실액 1큰술

1. 애호박은 얇게 채 썰어 소금을 뿌려 10분간 절인 뒤 헹구고 체에 밭쳐 물기를 뺀다.

2. 양파는 얇게 채 썰고, 청양고추는 잘게 다진다.

3. 반죽 재료를 섞는다.

4. 반죽에 애호박, 양파, 청양고추를 넣어 섞는다.

식힘 망에 두어서 열기를 조금 빼고 담으면 바삭함이 오래가요.

5. 달군 팬에 식용유를 두르고 4를 넣고 앞뒤로 노릇하게 부친다.

6. 양념장 재료는 섞어서 전과 함께 곁들인다.

무당근전 `4회분`

겨울철 무는 당분이 많고 조직이 단단해서 어떤 요리를 해도 풍부한 맛을 내는데요. 특히 부침개로 만들면 생으로 먹을 때 와는 전혀 다른 진한 달콤함을 맛볼 수 있어요. 무에는 단백질과 지방을 분해하는 성분이 들어 있어 소화 기능 개선에도 무척 좋아서 자칫 속이 더부룩해질 수 있는 부침개의 재료로 아주 잘 어울린답니다.

Ingredients

무 1/4개(200g)
당근 1/3개(60g)
소금 1/3큰술
튀김가루 2큰술
전분가루 2큰술
후춧가루 약간
식용유 4큰술

양념장

청양고추 2개
고춧가루 1/2큰술
물 1+1/2큰술
간장 1+1/2큰술
참기름 1큰술
통깨 1큰술

1. 무와 당근은 얇게 채 썬다.

   채칼을 이용하면 편해요.

2. 무에 소금을 넣고 가볍게 섞어 10분간 절인다.

   절여서 생긴 물은 따로 따라내지 않아요.

3. 당근, 튀김가루, 전분가루, 후춧가루를 넣고 섞는다.

4. 달군 팬에 식용유를 두르고 3을 1국자씩 넣고 앞뒤로 노릇하게 부친다.

   식힘 망에 두어서 열기를 조금 빼고 담으면 바삭함이 오래 가요.

5. **양념장** 재료의 청양고추를 다지고 나머지 재료와 섞어 전과 함께 곁들인다.

양배추전   `4회분`

양배추는 위장을 보호하는 성분과 장에 좋은 섬유질이 많은 식재료라 많이 먹어도 몸에 부담이 없어요.
평소에 먹던 샐러드나 찜이 아닌 색다른 방법으로 먹어보고 싶어 접하게 된 양배추전이에요.
양배추를 얇게 채 썰어 사용해 부드러운 식감과 반죽에 감자를 갈아 넣어서 쫀득해진 식감이
마치 일본 음식인 오코노미야끼와도 비슷하답니다.

Ingredients

양배추 1/6개(150g)
적양배추 1/6개(80g)
감자 2개
소금 1/2큰술
튀김가루 5큰술
후춧가루 약간
식용유 4큰술

양념장

청양고추 1개
설탕 1+1/2큰술
고춧가루 1/2큰술
간장 3큰술
식초 1큰술
매실액 1큰술
참기름 1큰술
참깨 1/2큰술

1. 양배추와 적양배추는 얇게 채 썰어 물에 헹군 뒤 체에 밭쳐 물기를 뺀다.

2. 양배추와 적양배추에 소금을 넣고 20분간 절인 뒤 꾹 짠다.

3. 감자를 강판에 갈아 고운 체에 5분간 밭친 뒤 건더기만 건진다.

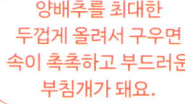

양배추를 최대한 두껍게 올려서 구우면 속이 촉촉하고 부드러운 부침개가 돼요.

4. 볼에 양배추와 적양배추, 갈은 감자 건더기, 튀김가루, 후춧가루를 넣고 섞는다.

5. 달군 팬에 식용유를 두르고 반죽을 두툼하게 올려 앞뒤로 노릇하게 굽는다.

6. **양념장** 재료의 청양고추는 다지고, 나머지 재료와 섞어 전과 함께 곁들인다.

Vegan Recipe

저장 반찬은 보관해놓고 조금씩 꺼내 먹는 즐거움과 더불어 발효가 잘되기를 기대하는 설렘이 있어요.

채소를 장기간 보관하기 위해서는 수분을 잘 조절해야 하는데요.

소금물의 농도를 이용해 절이는 방법은 채소에 들어 있는 수분을 적당히 유지하기 쉽고,

영양소의 손실도 적어 저장 반찬에 이용되는 방법입니다.

특히 알려진 비건 김치 레시피가 많지 않아 만들기를 망설이는 주변 분을 많이 봤는데요.

이번 파트에서 소개하는 간단한 레시피를 통해 용기를 얻어 꼭 도전해 보시기를 바랍니다.

Part 4

미리 만들어 보관하는
저장 반찬

유자뿌리채소피클 6회분

상큼한 피클에 유자 향이 더해져 입맛을 돋우는 반찬이랍니다.
무가 아삭아삭한 여름철에 한 병 만들어 두고 기운 없는 더운 날, 편하게 꺼내 먹으면 좋아요.
김밥이나 라면 먹을 때, 밥반찬으로 두루두루 잘 어우러져서 자주 손이 가는 저장 반찬이랍니다.

Ingredients

연근 1/3개(80g)
무 1/2개(400g)
당근 1/4개(65g)
유자청 4큰술

피클물
소금 1큰술
피클링스파이스 1큰술
설탕 1컵
식초 1컵
물 2컵

1. 연근은 얇게 썰고, 무와 당근은 얇게 채 썬다.

2. 끓는 물에 연근을 넣고 3분 정도 데친 뒤 체에 밭쳐 식힌다.

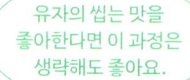

유자의 씹는 맛을 좋아한다면 이 과정은 생략해도 좋아요.

3. 유자청은 잘게 다진다.

4. 냄비에 **피클물** 재료를 넣고 끓여 설탕이 모두 녹으면 불을 끈다.

실온에 보관할 때 용기를 위아래로 뒤집어 두면 골고루 섞여요.

5. 열탕한 내열용기에 무, 당근, 연근을 담고 유자청을 올린다. 뜨거운 피클물을 붓고 실온에 4시간 정도 두었다가 냉장 보관하고 2주 이내로 먹는다.

오이피클

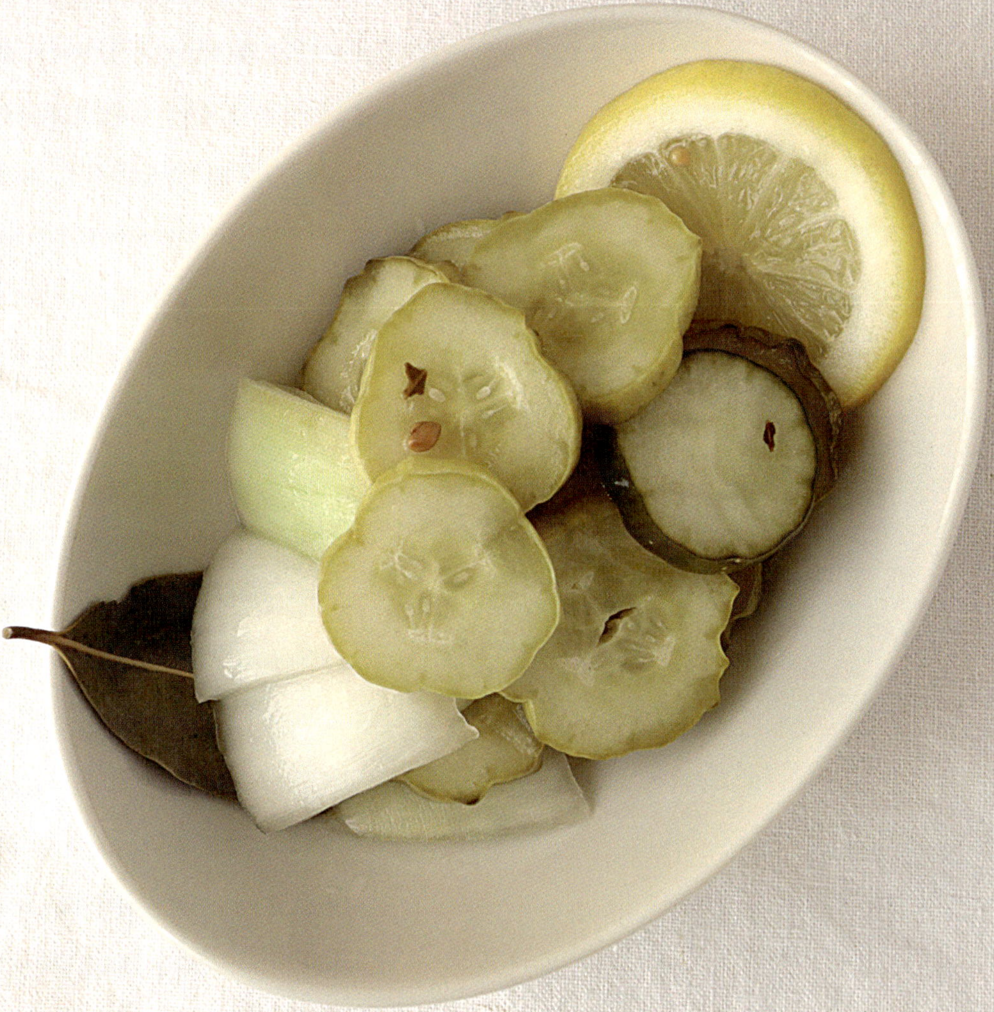

수분이 많은 오이를 피클로 만들면 식감이 아작아작해서 새로운 맛을 만나게 되죠.
몸에 좋은 항산화 성분이 많이 들어 있는 레몬을 더해 맛이 더 상큼해요.
오이가 제철인 여름에 만들어두고 분식에 곁들이거나 반찬으로 다양하게 곁들여 드세요.

Ingredients	오이 3개	**피클물**
	양파 1/2개	소금 1큰술
	레몬 1개	피클링 스파이스 1큰술
		설탕 1컵
		물 2컵
		식초 1컵
		월계수잎 2장

1. 오이는 0.3cm 두께로 썰고, 양파는 한입 크기로 썰고, 레몬은 얇게 썰고 씨를 뺀다.

2. 냄비에 **피클물** 재료를 넣고 끓여 설탕이 모두 녹으면 불을 끈다.

3. 볼에 오이, 양파, 레몬, 뜨거운 피클물을 붓고 섞는다.

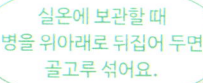

실온에 보관할 때 병을 위아래로 뒤집어 두면 골고루 섞여요.

4. 열탕한 유리병에 옮겨 담고 실온에 4시간 이상 두었다가 냉장 보관하고 2주 이내로 먹는다.

양배추라페

8회분

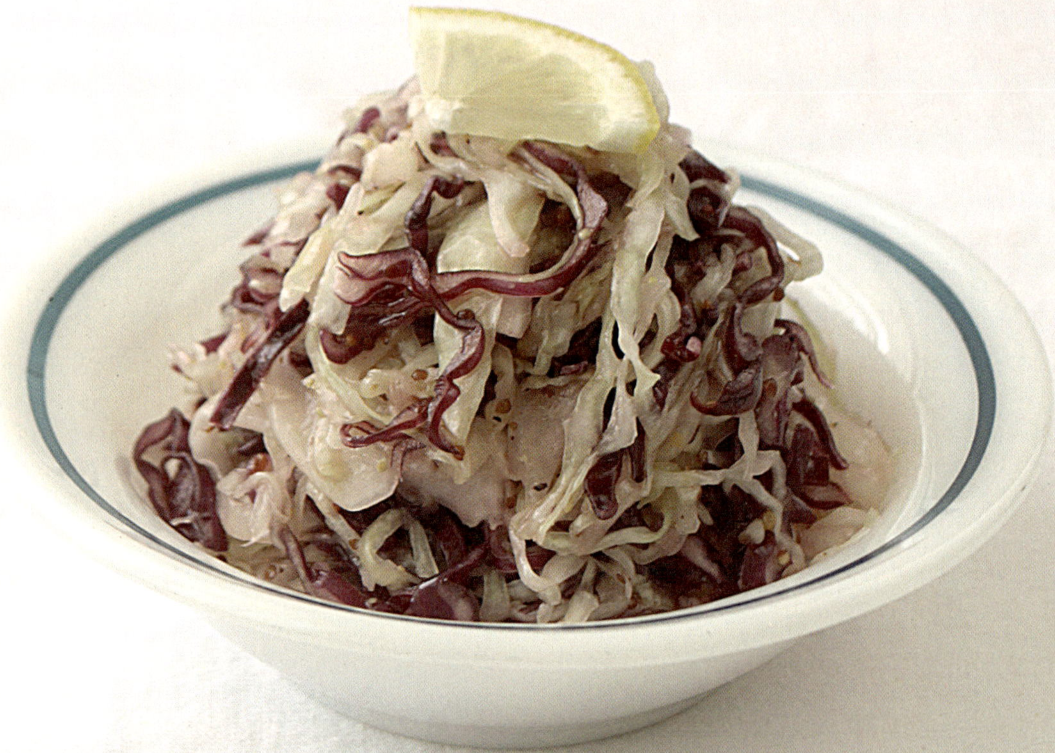

양배추를 소금에 절인 후 양념을 넣어 버무린 양배추라페예요.
밥반찬으로 또는 빵에 곁들이거나 김밥 속 재료로 사용하는 등 그야말로 만능 메뉴예요.
소화를 돕는 반찬이라 기름진 요리를 먹을 때 곁들이면 더욱 좋아요.

Ingredients

양배추 1/2개
적양배추 1/4개
소금 1/3큰술

양념

설탕 2큰술
홀그레인머스터드 1/2큰술
화이트발사믹 2큰술(또는 식초)
레몬즙 2큰술
올리브유 3큰술
후춧가루 약간

채칼로 썰면 편해요.

1. 양배추와 적양배추는 얇게 채 썬다.

2. 양배추와 적양배추에 소금을 넣고 가볍게 섞어 10분 정도 절이고 국물이 생기면 따라내어 버린다.

올리브유를 좋아한다면 1-2큰술 추가해서 버무려요.

3. 양념을 넣고 버무린다.

4. 밀폐용기에 담아 냉장 보관하고 1주 이내로 먹는다.

당근라페 (4회분)

당근을 소금에 절인 후 생긴 국물을 짜내고 만들어 담백한 레시피랍니다.
달콤한 당근에 새콤한 식초의 맛이 더해져 입맛을 돋우고요.
샌드위치나 김밥 등에 속 재료로 잘 어울려서 한번 만들 때 잔뜩 만들어두면 두루두루 사용하기 좋아요.

Ingredients

당근 1개(180g)
소금 1/3큰술

양념

설탕 1큰술
홀그레인머스터드 1/2큰술
화이트발사믹 2큰술(또는 식초)
올리브유 2큰술
레몬즙 2큰술
후춧가루 약간
파슬리가루 1/2큰술(또는 바질가루)

채칼을 사용하면 편해요.

1. 당근은 얇게 채 썬다.

2. 당근에 소금을 넣고 가볍게 섞어 10분 정도 절이고 국물을 짠다.

올리브유를 좋아한다면 1큰술 추가해서 버무려요.

3. 양념을 넣고 버무린다.

4. 밀폐용기에 담아 냉장 보관하고 1주 이내로 먹는다.

깻잎김치 `6회분`

김치는 젓갈을 넣어야 맛있다는 편견을 깨는 레시피랍니다.
간장 양념만으로 충분히 감칠맛을 느낄 수 있어요. 만드는 방법이 간단해 부담이 없고,
당일 오전에 만들면 저녁 밥상에 두고 바로 먹을 수 있어요.
새송이버섯을 구워서 깻잎김치와 함께 쌈으로도 드셔보세요. 깻잎의 진한 향과 잘 어울린답니다.

Ingredients

깻잎 45장

양념장
쪽파 5개(20g)
설탕 1큰술
고춧가루 2큰술
다진 마늘 1/3큰술
간장 3큰술
맛술 1큰술
연두 1/2큰술
물 1큰술
통깨 2큰술

1. 깻잎은 흐르는 물에 씻어 체에 밭쳐 물기를 제거한다.

2. 양념장의 쪽파는 잘게 썰어 나머지 재료와 섞는다.

> 양념이 위에서 아래로 내려오니 처음엔 양념을 적게 바르고 뒤로 갈수록 조금씩 양을 늘려요.

3. 그릇에 깻잎 2장을 놓고 양념장을 조금씩 바르고 계속 반복한다.

4. 밀폐용기에 담고 반나절 정도 실온에 두었다가 깻잎 숨이 죽으면 냉장 보관하고 2주 이내로 먹는다.

한 포기 배추김치 `10회분`

김치 만들 때 넣던 새우젓 대신 전통 간장으로 감칠맛을 더한 비건 김치예요.
과일과 양파를 갈아 넣어 단맛을 더하고, 다양한 채소를 넣어 시원하면서도 깊은 맛까지 있어요.
김치를 대량으로 만드는 일이 부담스럽다면, 연습 삼아 한 포기만 먼저 만들어보세요.

Ingredients

배추 1포기	**절임물**	**양념 1**	**양념 2**
무 1/2개(400g)	물 1리터	배 1/3개	천일염 1/2큰술
쪽파 1줌(80g)	천일염 1/2컵	사과 1/3개	다진 마늘 2큰술
갓 1줌(80g)		양파 1/2개	고춧가루 1컵
천일염 1/2컵	**찹쌀풀**	설탕 3큰술	
	물 2컵	다진 생강 1/3큰술	
	찹쌀 3큰술	간장 3큰술	
		채수 1컵	
		매실청 1/2컵	

> 김치가 완성된 후 덮개로 사용할 큰 잎을 떼어서 함께 절여요.

1. 배추는 지저분한 겉잎을 떼서 정리한 다음 2등분하고 흐르는 물에 가볍게 헹군다.

> 배추의 두꺼운 줄기가 잘 휘는 정도로 절여지면 돼요.

2. 절임물은 천일염이 녹을 때까지 섞어 배추에 골고루 뿌리고 천일염을 뿌린 뒤 중간중간 뒤집으며 약 12시간 정도 절이고 물에 한번 헹구고 채반에 밭쳐 물기를 뺀다.

3. 냄비에 **찹쌀풀** 재료를 넣고 약한 불에서 5~10분 정도 저어가며 끓인 뒤 차게 식힌다.

4. 무는 채 썰고, 쪽파와 갓은 2cm 길이로 썰고, **양념 1**은 믹서에 간다.

> 평소 간보다 조금 짭조름하게 맞춰요.

5. 큰 볼에 4의 재료를 담고, **양념 2**, 찹쌀풀을 넣어 골고루 섞은 뒤 배추 사이사이마다 줄기 부분 위주로 골고루 바른다.

> 실온에 보관 후 하루 지나서부터 뚜껑을 열어보면 보글보글 작은 기포와 함께 김치가 익은 냄새가 나면 냉장 보관해요.

6. 김치통에 담고 맨 위에 큰 배춧잎으로 덮은 다음 실온에 1~2일 두었다가 냉장 보관하고 한 달 이내로 먹는다.

오이김치 10회분

오이에 절임물을 뜨거울 때 바로 부어서 김치를 만들면 먹는 내내 아삭한 식감이 끝까지 살아 있답니다.
채소를 한데 모아 버무리는 간단한 방법이라 더운 여름철에 땀 내지 않고 만들기 좋아요.
콩국수 한 그릇 만들어 오이김치를 곁들이면 한여름에도 입맛이 살아날 거예요.

Ingredients

오이 10개
부추 1줌(80g)
양파 1개

절임물
물 1+1/2리터
천일염 3큰술

양념
천일염 1/2큰술
다진 마늘 2큰술
설탕 1/2컵
고춧가루 1컵
간장 1/2컵
매실액 1/2컵
배즙 1/2컵
생강청 1/2큰술(선택 재료)

1. 오이는 가로로 3등분하고 세로로 4등분한다.

2. 냄비에 **절임물** 재료를 넣어 끓이고 천일염이 녹으면 오이에 부어 20분간 절인다.

3. 부추는 3cm 길이로 썰고, 양파는 얇게 채 썬다.

4. 볼에 부추, 양파, **양념**을 넣고 버무린다.

5. 오이를 물에 한번 헹구고 체에 밭쳐 물기를 뺀다.

오이김치는 실온에 오래 숙성시키면 금세 물러지니 중간에 확인을 하고 익자마자 냉장고에 넣어주세요.

6. 오이와 4를 고루 버무리고 김치통에 담아 실온에 반나절 숙성 후 냉장 보관하고 2주 이내로 먹는다.

깍두기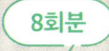

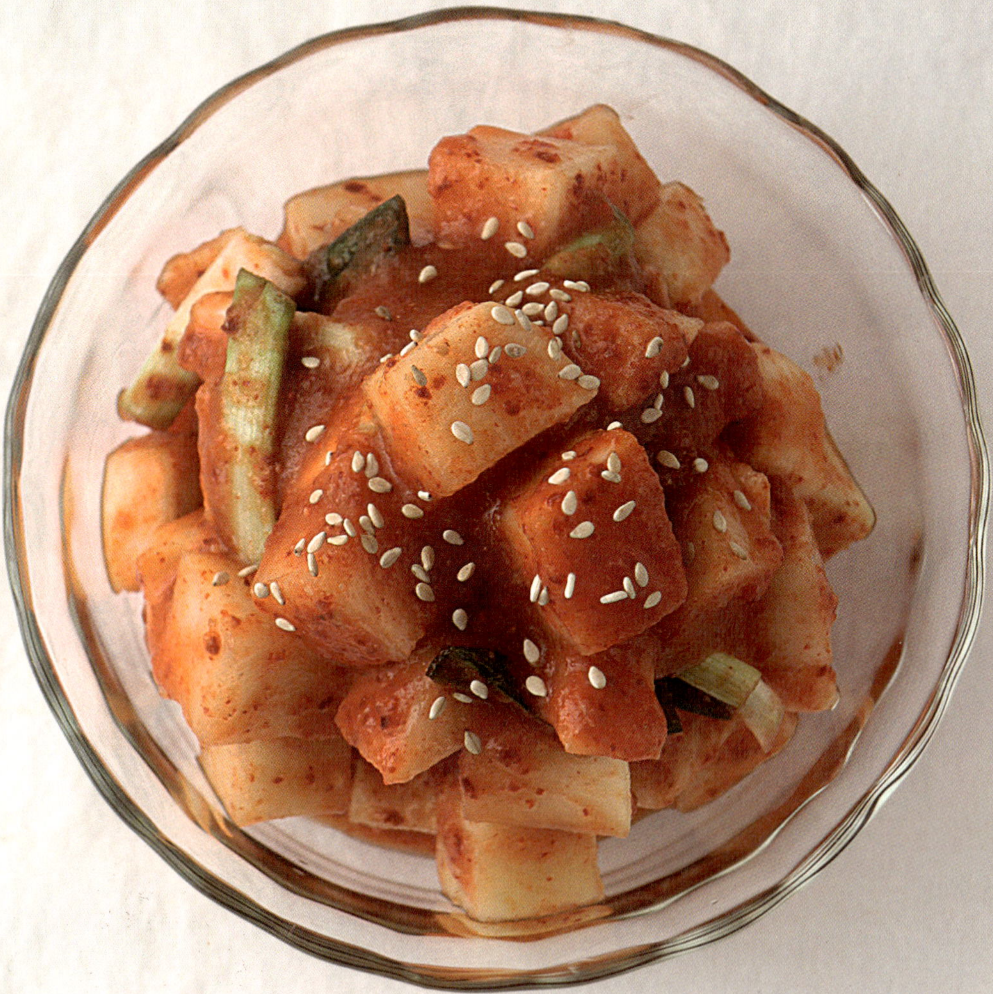

무가 맛있어지는 추운 계절이 오면 가장 먼저 만들어 먹는 김치는 깍두기예요.
소화가 잘되는 성분이 있어 기름진 음식을 먹거나 속이 더부룩할 때 곁들이면 좋아요.
무를 깍둑 썰지 않고, 납작하고 크게 썰어서 절여 만들면 맛있는 섞박지가 만들어져요.

Ingredients

무 1개(800g)
쪽파 1줌(80g)

절임용 양념
천일염 2큰술
설탕 2큰술

양념 1
양파 1/4개
사과 1/3개
밥 2큰술
매실액 2큰술
간장 2큰술
연두 1큰술(선택 재료)

양념 2
설탕 2큰술
고춧가루 4큰술
다진 마늘 1큰술

1. 무는 가로, 세로 2cm로 깍둑 썰고, 쪽파는 3cm길이로 썬다.

중간에 한번씩 섞어가며 절여요.

2. 무에 **절임용 양념**을 넣고 섞은 뒤 30분 정도 절이고 물이 생기면 따라낸다.

3. 믹서에 **양념 1**을 넣고 간다.

4. 볼에 무, 쪽파, **양념 1**, **양념 2**를 넣고 고루 섞는다.

5. 밀폐용기에 담고 실온에서 1일 숙성 후 냉장 보관하고 2주 이내로 먹는다.

양파장아찌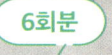

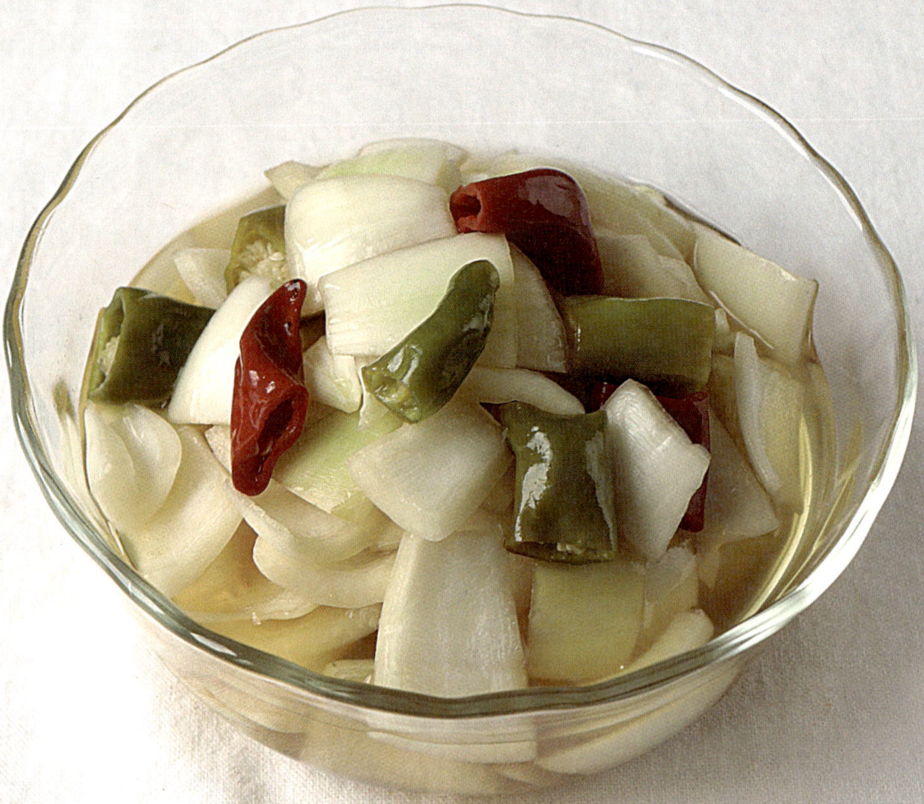

양파장아찌는 햇양파가 나오는 여름철에 만들면 가장 맛이 좋아요.
장아찌용 양파를 손에 들었을 때 단단하고, 묵직하면서 껍질이 잘 말라 바삭한 걸로 고르세요.
맛있게 만들어 놓은 양파장아찌에 고소한 부침개를 한 장 부쳐서 곁들이면 금상첨화랍니다.

Ingredients

양파 3개
청양고추 5개

절임물
설탕 1컵
채수 1+1/2컵
식초 1컵
간장 1컵
맛술 2큰술(선택 재료)

1. 양파와 고추는 한입 크기로 썬다.

2. 냄비에 **절임물** 재료를 넣고 끓여 설탕이 모두 녹으면 불을 끈다.

3. 볼에 양파, 고추를 담고 절임물을 부어 섞는다.

실온에 보관할 때 유리병을 위아래로 뒤집어 두며 골고루 섞어요.

4. 열탕한 유리병에 담고 실온에 반나절 정도 숙성 후 냉장 보관하고 한 달 이내로 먹는다.

깻잎장아찌

10회분

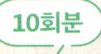

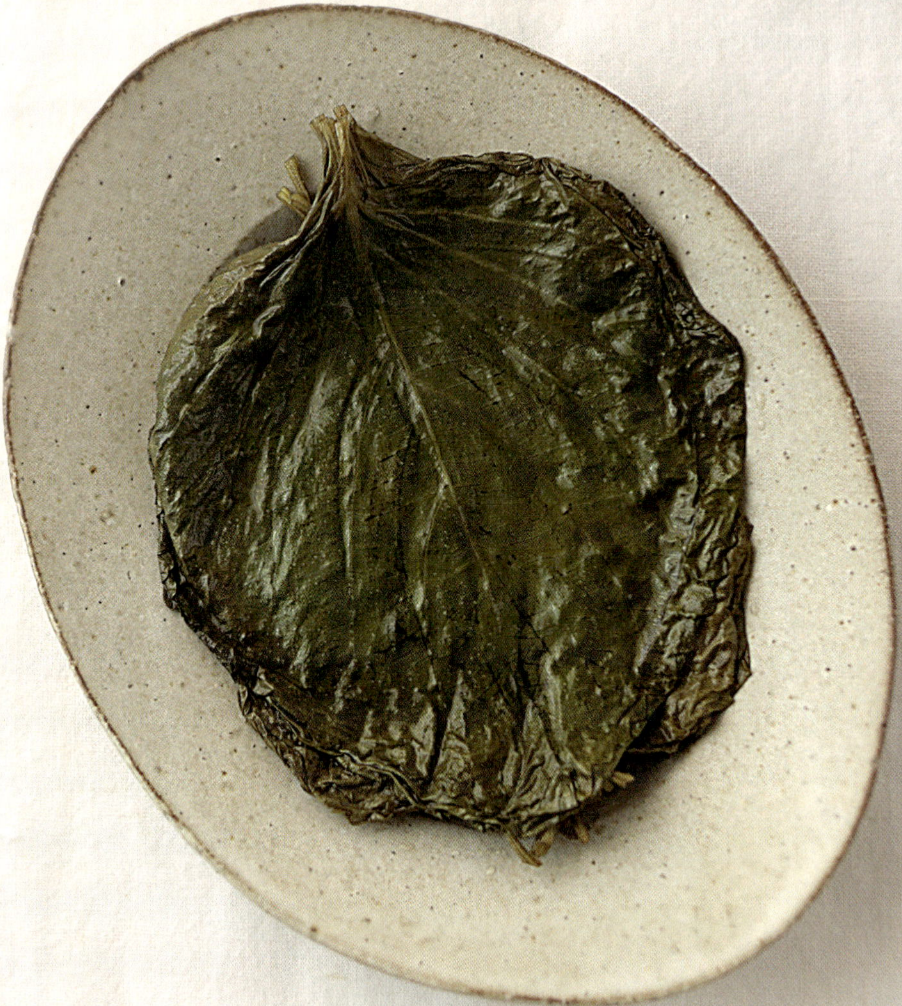

버섯을 구워서 깻잎장아찌와 함께 먹으면 양질의 단백질이 풍부해서 보약이 따로 없어요.
향이 좋은 깻잎은 일년 내내 쉽게 구할 수 있으니 만들어서 두고두고 먹기 좋아요.
이 절임물을 응용해 곰취나 방풍나물, 콩잎 등 다양한 잎채소 장아찌를 만들 수 있어요.

| Ingredients | 깻잎 120장 | **절임물**
설탕 1컵
채수 1+1/2컵
식초 1/2컵
간장 1컵
맛술 2큰술(선택 재료) |

1. 깻잎은 흐르는 물에 씻어 채반에 밭쳐 물기를 뺀다.

2. 냄비에 **절임물** 재료를 넣고 끓여 설탕이 모두 녹으면 불을 끈다.

실온에 보관할 때 용기를 위아래로 뒤집어 두면 골고루 섞여요.

3. 내열용기에 깻잎 1/4, 절임물 1/4 분량을 붓는다. 3번 더 반복한다. 실온에 반나절 정도 숙성 후 냉장 보관하고 한 달 이내로 먹는다.

오이장아찌

오이를 소금에 절여 아삭한 식감이 좋고, 식초 대신 매실액을 넣어 달콤새콤한 맛의 장아찌예요.
오이피클과는 다른 짭조름한 맛이 매력이라 부침개와 함께 먹거나 반찬으로 곁들여 먹기에 좋아요.
이 절임물로 파프리카나 토마토 혹은 가지 등 열매채소를 이용해 장아찌를 만들어도 맛이 좋아요.

Ingredients

오이 3개
홍고추 2개
천일염 1큰술

절임물
설탕 1컵
간장 1컵
소주 1/2컵
채수 1/2컵
매실청 1/2컵

1. 오이는 0.5cm 두께로 썰고, 홍고추는 반 갈라 씨를 빼고 얇게 썬다.

물기가 많이 남아 있으면 싱거워져요.

2. 오이에 천일염을 넣고 버무려 한 시간 정도 절인 뒤 물에 가볍게 헹구고 면포에 싸서 물기를 짠다.

3. 냄비에 **절임물** 재료를 넣고 끓여 설탕이 녹으면 불을 끈다.

4. 볼에 오이, 홍고추를 담고 절임물을 부어 섞는다.

실온에 보관할 때 유리병을 위아래로 뒤집어 두면 골고루 섞여요.

5. 열탕한 유리병에 담고 실온에 반나절 정도 숙성 후 냉장 보관하고 한 달 이내로 먹는다.

우엉장아찌

6회분

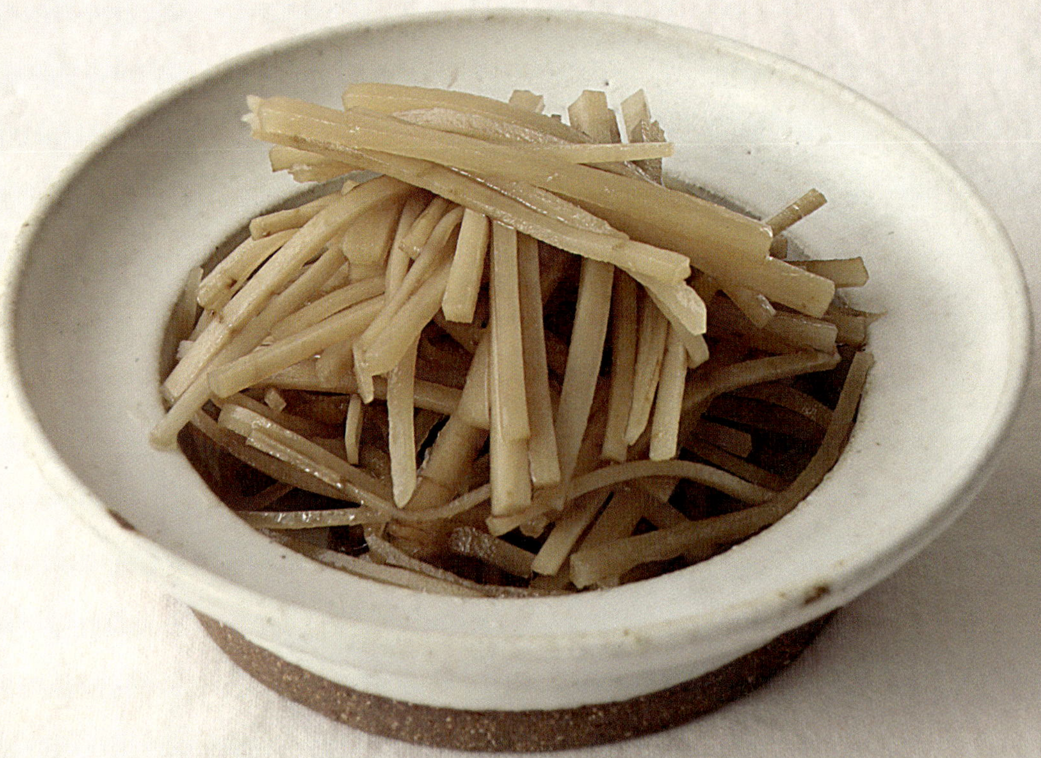

재미있게도 우엉은 볶음이나 조림, 장아찌 등 조리 방법에 따라 맛과 식감이 달라져요.
우엉의 떫은맛은 물에 데쳐 줄이고 절임물로 새콤한 맛을 더하면 우엉의 단단한 식감과 잘 어우러져요.
특히 김밥 속 재료로 활용하면 맛이 좋답니다.

Ingredients

우엉 1개(150g)

절임물
설탕 1컵
채수 1/2컵
간장 1컵
식초 1/3컵

1. 우엉은 얇게 채 썬다.

2. 끓는 물에 우엉을 넣어 3분 정도 데치고 체에 밭쳐 물기를 뺀다.

3. 냄비에 **절임물** 재료를 넣고 끓여 설탕이 모두 녹으면 불을 끈다.

실온에 보관할 때 유리병을 위아래로 뒤집어 두면 골고루 섞여요.

4. 열탕한 유리병에 우엉, 절임물을 넣고 실온에 반나절 정도 숙성 후 냉장 보관하고 한 달 이내로 먹는다.

사과잼 4회분

사과는 과일 중에서도 몸을 따뜻하게 해주는 성질이 있어 즐겨 먹어요.
가끔은 잼으로 만들어놓고 그릭 요거트에 넣어 먹거나 식빵에 발라 샌드위치로 만들어 먹어요.
향긋한 시나몬과도 제법 잘 어울려서 사과잼을 만들 때는 꼭 함께 넣는답니다.

Ingredients	사과 2개
	설탕 1컵
	레몬즙 1큰술
	시나몬가루 1/2큰술

좋아하는 식감에 따라 크기를 달리해서 다져요.

1. 사과는 껍질을 벗겨 1/4은 잘게 다지고, 나머지는 한입 크기로 썬다.

2. 믹서에 크게 자른 사과를 넣고 곱게 간다.

찬물에 사과잼을 조금 떨어뜨려 퍼지지 않으면 완성이에요.

3 냄비에 준비한 재료를 모두 넣고 끓어오르면 3분 정도 젓다가 약한 불로 줄이고 20분간 저어가며 졸인다.

4. 열탕한 유리병에 담아 식히고 냉장 보관해 한 달 이내로 먹는다.

복숭아잼 *4회분*

복숭아는 알칼리성 식품으로, 면역력을 키워 주고 식욕을 돋우어 주는 과일이에요.
한여름에 복숭아가 집에 있다면 잼으로 만들어보세요. 복숭아잼과 올리브오일을 1:1로 섞고
후춧가루와 소금을 약간 넣어 샐러드 소스로 만들어도 맛있어요.
갓 구운 식빵에 발라 브런치로 가볍게 즐기면 더운 여름날 기분 좋은 한 끼가 되어준답니다.

Ingredients

복숭아 2개
설탕 1컵
레몬즙 1큰술

1. 복숭아는 껍질을 벗기고 잘게 다진다.

2. 볼에 복숭아, 설탕을 넣고 섞다가 어느 정도 수분이 나오면 블랜더로 간다.

찬물에 복숭아잼을 조금 떨어뜨려서 퍼지지 않으면 완성이에요.

3. 냄비에 갈은 복숭아를 넣고 끓어오르면 3분 정도 저어주다가 약한 불로 줄인다. 레몬즙을 넣고 10분 정도 저어가며 졸인다.

4. 열탕한 유리병에 담아 식히고 냉장 보관해 한 달 이내로 먹는다.

토마토잼

어릴 적 토마토를 설탕에 절여 냉장 보관한 뒤 시원하게 먹었던 기억으로 만든 토마토잼이에요.
바게트 또는 스콘과 잘 어울리는 잼이랍니다. 무수분 토마토잼이라 토마토의 향과 맛이 아주 진하답니다.
반드시 완숙된 토마토를 사용하세요.

Ingredients

토마토 3개
설탕 1/2컵
레몬즙 1큰술

1. 토마토는 꼭지 반대쪽에 십자로 칼집을 내어 끓는 물에 2분간 데치고 껍질을 벗긴다.

가운데 너무 억센 심지는 잘라요.

2. 토마토는 4등분하여 작게 깍둑 썰고 설탕을 넣고 섞는다.

원하는 질감만큼 갈아주면 돼요. 부드러운 식감을 원하면 곱게 갈아요.

3. 믹서에 토마토를 넣고 살짝 간다.

토마토의 수분이 다 날아가면 완성이에요.

4. 냄비에 갈은 토마토를 넣고 끓어 오르면 3분 정도 저어주다가 약한 불로 줄인다. 레몬즙을 넣고 15분 정도 저어가며 졸인다.

5. 열탕한 유리병에 담아 식히고 냉장 보관해 한 달 이내로 먹는다.

템페볶음고추장

양질의 식물성 단백질을 챙겨 먹고 싶을 때 템페로 볶음고추장을 만들어요.
다진 표고버섯과 고추장 양념을 불에 볶아내어 은은한 숯불 향까지 나는 템페볶음고추장!
쌈에 밥과 함께 올려 먹으면 밥 한 그릇은 금세 사라져요.

Ingredients

템페 1/2봉지(100g)
양파 1/4개
표고버섯 2개
참기름 1큰술
통깨 1큰술
식용유 2큰술

템페 양념
다진 마늘 1큰술
맛술 1큰술
간장 1큰술
후춧가루 약간

양념
설탕 2큰술
고추장 4큰술

1. 템페를 손으로 으깬 뒤 **템페 양념**을 넣고 버무린다.

2. 양파, 표고버섯은 잘게 다진다.

3. 달군 팬에 식용유를 두르고 템페, 양파, 표고버섯을 넣어 볶는다.

촉촉한 질감을 원하면 물 2큰술을 추가해요.

4. 양파와 표고버섯이 다 익으면 **양념**을 넣고 5분간 볶는다.

5. 불을 끄고 참기름과 통깨를 넣어 섞는다.

6. 밀폐용기에 담아 식히고 냉장 보관해 2주 이내로 먹는다.

저염된장 `4회분`

된장은 콩을 발효시키면 균에 의해 분해가 이루어져서 영양소가 더욱 잘 흡수되는 식품이지만 짠맛 때문에 많이 먹기는 부담스럽죠. 된장의 재료인 콩을 이용해 저염된장으로 만들면 구수한 된장 본연의 맛도 더 잘 느껴져요. 마음 편히 양껏 먹으면서 단백질도 챙길 수 있답니다.

Ingredients	백태 1컵
	물 4컵
	집된장 4큰술

1. 백태는 8시간 이상 불린다.

만들기 전날 불리면 편해요

2. 냄비에 불린 백태와 물을 넣고 끓어오르면 약한 불로 줄인 뒤 2시간 정도 끓이고 한 김 식힌다.

바닥에 눌어붙지 않도록 중간에 한번씩 저어줘요.

3. 믹서에 백태와 함께 끓인 물을 1:1 비율로 넣고 곱게 간다.

너무 뻑뻑하면 물을 조금씩 추가하면서 갈아요.

4. 볼에 갈은 백태와 집된장을 넣고 고루 섞는다.

5. 밀폐용기에 담아 하루 정도 실온에 두었다가 냉장 보관하고 2주 이내로 먹는다.

검정콩후무스

후무스는 중동지역에서 즐겨 먹는 딥핑소스로 병아리콩을 삶아 양념과 함께 갈아 만든 음식이에요.
주재료인 병아리콩 대신에 우리나라 농산물인 검정콩으로 후무스를 만들었어요.
빵과 함께 먹으면 한 끼 식사로도 참 좋아요.

Ingredients

검정콩 1/2컵
물 3컵
마늘 2개
설탕 2큰술
소금 1/3큰술
레몬즙 2큰술
타히니 2큰술

cooking tip

타히니는 땅콩버터와 비슷한 질감의 통깨를 곱게 갈아 만든 페이스트입니다.

> 만들기 전날 불리면 편해요

1. 검정콩은 8시간 이상 불린다.

> 콩을 부드럽게 으깨질 때까지 삶아요.

2. 냄비에 불린 검정콩과 물을 넣고 중약불에서 약 40분 삶는다.

> 질감에 따라 물을 조금씩 추가해서 만들어요.

3. 믹서에 검정콩과 함께 끓인 물을 1:1 비율로 넣고 마늘, 설탕, 소금, 레몬즙, 타히니를 넣어 곱게 간다.

4. 밀폐용기에 담아 냉장 보관하고 5일 이내로 먹는다. 먹을 때는 올리브오일을 후무스 위에 뿌려 먹는다.

토마토마리네이드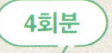

토마토를 올리브오일, 발사믹식초, 레몬즙에 재워 풍미가 좋은 저장 반찬이에요.
더운 날씨가 찾아오면 토마토마리네이드를 만들어서 시원하게 냉장 보관해두었다가
삶은 파스타면과 함께 비벼 먹으면 간단하면서도 별미인 콜드파스타가 만들어집니다.

Ingredients

토마토 2개
양파 1/4개
바질잎 5장

양념
설탕 1큰술
화이트발사믹 2큰술
레몬즙 2큰술
올리브유 2큰술
소금 약간
후춧가루 약간

1. 토마토는 꼭지 반대쪽에 십자로 칼집을 내어 끓는 물에 굴려가며 1분간 데친다.

2. 토마토 껍질이 벗겨지기 시작하면 꺼내 한 김 식히고 껍질을 벗긴다.

토마토 가운데에 질긴 심지는 잘라요.

3. 토마토와 양파는 작게 썰고, 바질잎은 다진다.

4. 볼에 토마토, 양파, 바질잎, **양념**을 넣고 버무린다.

5. 밀폐용기에 담아 냉장 보관하고 5일 이내로 먹는다.

Vegan Recipe

비건 식단을 꾸려가면서 가장 걸림돌이 되었던 건 바로 외식이었어요.

고기가 들어가지 않은 것 같아도 국물을 우려내느라 고기나 멸치가 사용되는 일이 흔하고,

맛을 내기 위해 사용된 조미료에도 동물성 성분이 들어 있는 일이 많다 보니 눈으로만 봐서는 알 수가 없었죠.

외식할 때면 건강식을 챙기는 마음은 잠시 내려놓고 주로 맛 위주로 메뉴를 찾게 되는데요.

그러다 보면 자극적인 식사를 하게 되죠. 주말에 특별한 약속이 없다면 신선한 식재료를

미리 준비해 두었다가 특별식을 만들어 보면 어떨까요? 건강한 비건 별미를 먹으며

힐링하면 다음 한 주를 살아갈 에너지도 충분히 얻을 수 있을 거예요.

Part 5

주말에 외식대신 **별미**

유부라볶이 `2인분`

외식으로 먹는 라볶이에는 멸치육수가 들어가 있는 경우가 많아요.
채수를 사용해 은은하면서도 깊은 감칠맛이 있는 유부라볶이를 만들어볼게요.
채소가 듬뿍 들어가고, 고소한 유부는 한 줌 가득 넣어 확실한 포인트가 되어 준답니다.

Ingredients

슬라이스 유부 1줌(30g)
양파 1/4개
깻잎 3장
팽이버섯 1/2개
양배추 1/8개
라면사리 1개
채수 2컵
통깨 1큰술

양념
설탕 1큰술
고춧가루 1큰술
고추장 1큰술
간장 1큰술
맛술 1큰술
매실액 1큰술

1. 양파와 깻잎은 채 썰고, 팽이버섯은 밑동을 잘라 가닥가닥 나누고, 양배추는 한입 크기로 썬다.

2. 양념 재료는 섞는다.

3. 냄비에 채수를 넣어 끓어오르면 깻잎을 제외한 채소와 버섯, 양념을 넣고 2분간 끓인다.

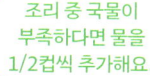

조리 중 국물이 부족하다면 물을 1/2컵씩 추가해요.

4. 채소 숨이 죽으면 유부와 라면사리를 넣어 중간 불로 3분간 끓인다.

5. 그릇에 옮겨 담고, 깻잎을 올리고 통깨를 뿌린다.

두부월남쌈 3인분

두부를 굽고, 채소와 땅콩소스만 준비하면 돼서 조리 과정이 매우 간편해요.
구운 두부로 포만감까지 챙겨 한 끼 식사로도 손색없어요. 신선한 채소를 잔뜩 먹을 수 있어
산뜻한 식사를 하고 싶을 때 만들어 먹곤 해요. 재료를 준비해서 주말에 가족들과 함께 만들어보세요.

Ingredients

월남쌈 10장
두부 1/2모(150g)
사과 1/2개
파프리카 1개
당근 1/3개(60g)
양파 1/2개
새싹채소 1줌(20g)
조각 파인애플 3큰술
식용유 2큰술

땅콩소스

다진 마늘 1/2큰술
땅콩버터 4큰술
홀그레인머스타드 1/2큰술
비건 마요네즈 3큰술
간장 1큰술
레몬즙 2큰술
매실액 1큰술
아가베시럽 3큰술

1. 땅콩소스 재료는 섞는다.

2. 두부는 먹기 좋은 크기로 썰어 키친타월에 올려 물기를 제거한다.

겉이 바삭하게 중약불로 오래 구워요.

3. 달군 팬에 식용유를 두르고 두부의 사면을 골고루 굽는다.

4. 사과, 파프리카, 당근, 양파는 얇게 채 썬다.

5. 새싹채소는 물에 가볍게 헹궈 체에 밭쳐 물기를 빼고, 파인애플은 체에 밭쳐 국물을 뺀다.

물이 너무 뜨거우면 쌈이 쉽게 말리니 40도 정도로 따끈한 온도의 물을 사용해요.

6. 월남쌈을 따뜻한 물에 적셔 접시에 올리고 원하는 채소를 넣고 말아서 땅콩소스를 곁들인다.

채소만두

30개 분량

손은 많이 가지만 금방 찐 만두를 한입 베어 무는 순간 만들었던 수고로움은 다 사라져요.
재료를 하나하나 다 따로 볶아내고 물기를 살짝 짜낸 후 섞어서 채소 본연의 맛이 잘 살아 있어요.
두부와 채소가 잘 어우러져 담백해 자꾸만 손이 가요.

Ingredients

만두피 30장
두부 1모 (300g)
표고버섯 4개
애호박 1개
부추 1줌 (150g)
팽이버섯 1봉
숙주 1봉지 (200g)
소금 약간

양념

다진 마늘 1/2큰술
다진 대파 1큰술
간장 2큰술
소금 약간

1. 표고버섯, 애호박, 부추, 팽이버섯은 잘게 다진다.

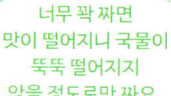

너무 꽉 짜면 맛이 떨어지니 국물이 뚝뚝 떨어지지 않을 정도로만 짜요.

2. 달군 팬에 기름 없이 1의 재료를 각각 소금 뿌려 볶은 뒤 물기를 짠다.

3. 숙주는 끓는 물에 20초간 데쳐 찬물에 헹구고 물기를 힘껏 짠 후에 잘게 다진다.

두부는 물기를 많이 제거해야 식감이 좋아요.

4. 두부는 면포에 넣고 물기를 최대한 짠다.

5. 볼에 손질한 모든 재료와 **양념**을 넣어 고루 섞어 속 재료를 만든다.

6. 만두피 가장자리에 물을 살짝 칠하고 속 재료 1큰술 올려 빚는다.

남은 만두는 냉동실에 두고 2주 내로 먹어요.

7. 찜기에 물을 올려 끓기 시작하면 만두를 넣고 약 12분간 찐다.

가지카레라이스 2인분

카레에 토마토를 넣어 건강한 맛을 더하고 토핑으로 가지를 구워 올렸더니 근사한 별미가 되었답니다.
곁들이는 간장소스는 새콤하면서 짭조름해 감칠맛을 더해줘요.
시판 비건 고형 카레를 이용해 맛있는 비건 한 끼 만들어 보세요.

Ingredients

밥 2공기(300g)
시판 비건 고형 카레 2인분
가지 2개
양파 1개
토마토 2개
감자 1개
당근 1/3개
채수 3컵
올리브유 3큰술

간장소스
간장 2큰술
식초 2큰술
물 1큰술

1. 가지는 1cm 두께로 어슷 썰고, 양파, 토마토, 감자, 당근은 한입 크기로 썬다.

2. 달군 팬에 올리브유를 1큰술 두르고 양파를 볶다가 갈색이 나기 시작하면 감자, 당근을 넣고 중약불에 5분간 볶는다.

3. 냄비에 볶은 채소를 옮기고 토마토와 채수를 넣고 끓이다가 감자가 익으면 약한 불에 10분간 끓인다.

재료에 따라 물이 부족하다면 물을 1/2컵씩 추가하면서 농도를 조절해요.

4. 고형 카레를 넣고 저어가며 10분간 끓인다.

5. 달군 팬에 올리브유를 2큰술 두르고 가지를 올려 앞뒤로 노릇하게 굽는다.

6. 간장소스 재료는 섞어서 카레, 밥과 함께 곁들인다.

부추콩나물잡채

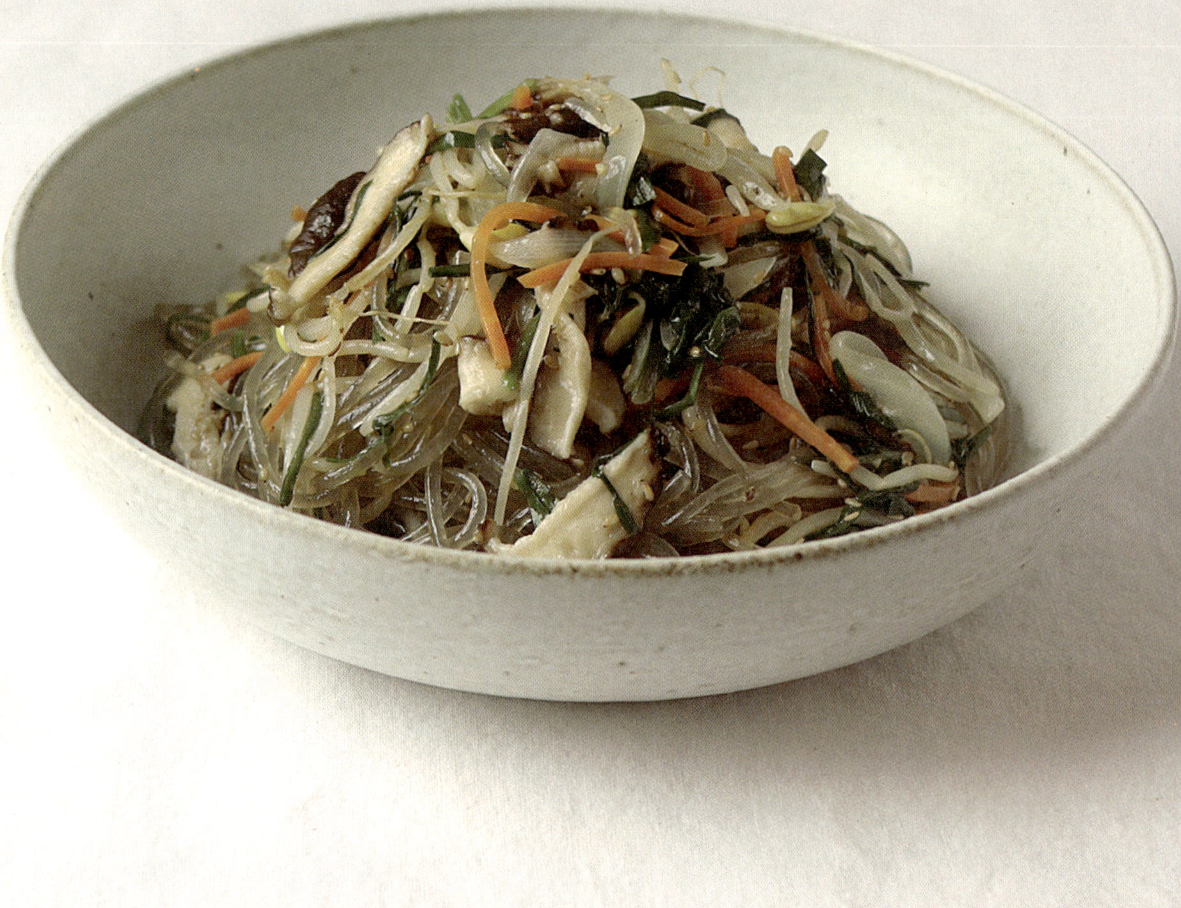

명절이나 생일 같은 날이면 빠지지 않는 잡채는 별미가 당길 때면 꼭 생각이 나는 메뉴예요.
부추의 향과 콩나물의 아삭한 식감이 달콤한 당면과 잘 어우러져 맛있어요.
버섯까지 들어 있어 영양이 가득하답니다. 먹고 남은 잡채는 다음 식사 때 덮밥으로 만들어 먹어도 좋아요.

Ingredients		
	당면 150g	**당면 양념**
	콩나물 2줌(100g)	설탕 2큰술
	부추 1/2줌(70g)	맛술 1큰술
	양파 1/2개	간장 3큰술
	당근 1/4개(45g)	
	표고버섯 3개	
	소금 1/3큰술	
	후춧가루 약간	
	참기름 2큰술	
	통깨 1큰술	
	식용유 2큰술	

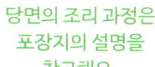

당면의 조리 과정은 포장지의 설명을 참고해요.

1. 부추는 3cm 길이로 자르고, 양파, 당근, 표고버섯은 채 썬다.

2. 끓는 물에 당면을 넣고 10분간 삶은 뒤 찬물에 헹궈 체에 받쳐 물기를 뺀다.

3. 냄비에 콩나물과 잠길 만큼의 물을 넣어 끓어오르면 10초 후에 불을 끄고 찬물에 헹구고 체에 받쳐 물기를 뺀다.

4. 달군 팬에 식용유를 두르고 손질한 채소와 버섯, 소금, 후춧가루를 넣고 양파가 투명해질 때까지 볶은 다음 덜어둔다.

5. 같은 팬에 당면과 **당면 양념** 재료를 넣어 색이 골고루 베일 때까지 볶는다.

6. 콩나물, 볶은 채소와 버섯을 넣고 골고루 섞듯이 가볍게 볶다가 불을 끄고 참기름과 통깨를 뿌린다.

버섯유부전골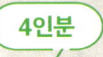

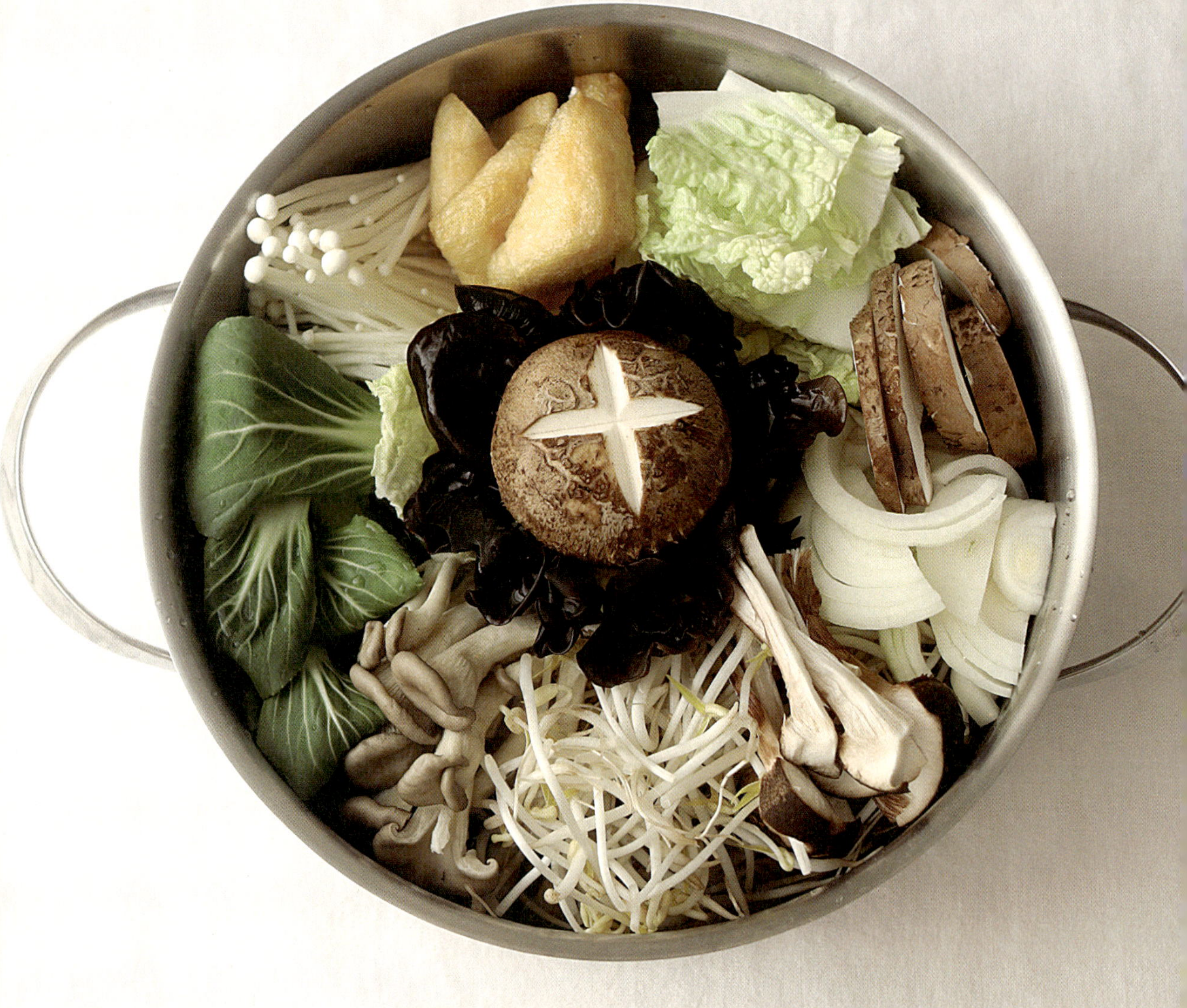

속이 편한 음식을 먹고 싶을 때 버섯으로 전골을 만들어요. 먹고 나면 속이 편하고,
자극 없는 담백한 국물 맛도 정말 좋아요. 버섯유부전골에 다양한 버섯을 넣으면 풍성한 맛과 향을 느낄 수 있어요.
겨자소스에 건더기를 찍어 먹으면 입맛을 돋운답니다.

Ingredients

모둠 버섯 150g(팽이버섯, 표고버섯, 송이버섯 등)
알배추 2장
양파 1/3개
유부 5개
숙주 1/2봉지(100g)
청경채 1개(선택 재료)
채수 4컵
소금 약간
연두 1큰술(선택 재료)

겨자소스
다진 마늘 1/2큰술
간장 2큰술
물 2큰술
식초 1큰술
맛술 1큰술
연겨자 1/2큰술

> 채수를 낼 때 사용한 버섯을 사용해도 좋아요.

1. 버섯은 먹기 좋게 손질한다.

2. 알배추는 먹기 좋은 크기로 썰고, 양파는 채 썰고, 유부는 2등분하고, 숙주와 청경채는 물기를 제거한다.

3. 냄비에 채수, 손질한 재료, 소금, 연두를 넣어 끓어오르면 약한 불에서 10분간 끓인다.

4. 겨자소스는 섞어 곁들인다.

대파떡꼬치 3개 분량

소시지를 좋아하는 남편을 위해 소떡소떡 대신 채소로 만든 대파떡꼬치에요.
아삭한 채소, 쫀득한 떡과 버섯을 함께 먹으니 식감이 풍성해 재미있어요.
달콤한 맛의 떡꼬치 양념이 별미라 주말에 가족과 함께 간식으로 만들어 먹으면 좋아요.

Ingredients

현미 떡볶이떡 6개
대파 2대
새송이버섯 1개
파프리카 1/2개
다진 땅콩 1큰술(선택 재료)
식용유 2큰술

양념장
설탕 4큰술
다진 마늘 1큰술
간장 2큰술
케첩 6큰술
맛술 3큰술
물 4큰술
고추장 2큰술

1. 대파, 새송이버섯, 파프리카는 떡볶이떡 크기와 비슷하게 썬다.

현미떡 대신 일반 쌀로 만든 떡볶이떡을 사용할 때는 물에 잠시 불렸다가 사용해요.

2. 꼬치에 대파, 파프리카, 떡, 새송이버섯순으로 끼운다.

3. **양념장** 재료는 섞는다.

4. 달군 팬에 식용유를 두르고 대파 떡꼬치를 앞뒤로 노릇하게 굽는다.

팬이 너무 뜨거우면 양념이 금방 탈 수도 있으니 주의해요.

5. 채소가 다 익으면 약한 불에서 양념장을 발라가며 앞뒤로 굽고 다진 땅콩을 올린다.

두부동그랑땡 (4인분)

엄마가 만들어주던 동그랑땡을 떠올리며 만들어보았어요.
요리 과정에 정성이 많이 필요해서 별미가 먹고 싶은 날 만들어요. 잘게 다진 채소와 두부가 어우러져
맛이 풍부하고, 청양고추의 개운한 맛이 있어 기름에 구워도 담백하답니다.

Ingredients

두부 1모(300g)
양파 1/4개
표고버섯 2개
당근 1/4개(45g)
대파 1대
청양고추 3개
전분가루 1큰술
소금 1/3큰술
후춧가루 약간
식용유 3큰술

1. 두부는 면포를 사용해 물기를 최대한 제거한다.

수분을 많이 뺄수록 식감이 좋아요.

2. 양파, 표고버섯, 당근, 대파, 청양고추는 잘게 다진다.

3. 볼에 두부, 다진 재료, 전분가루, 소금, 후춧가루를 넣어 반죽한다.

4. 반죽을 2큰술씩 떼어 손으로 동그랗고 납작하게 굽기 좋은 모양으로 만든다.

5. 달군 팬에 식용유를 둘러 동그랑땡을 올리고 앞뒤로 노릇하게 굽는다.

가지깐풍기 `4인분`

외식할 때 자주 가는 비건 중식당에서 먹어본 가지깐풍기를 연구해서 만들어보았어요.
가지를 기름에 튀겨내면 달콤한 맛이 더 강해지고, 튀김옷을 얇게 묻히면 가지 본연의 맛도 잘 느낄 수 있어요.
매콤하면서도 달콤한 양념에 버무리고 고소한 땅콩을 올려 먹으면 이게 바로 비건 별미랍니다.

Ingredients

가지 3개
감자전분가루 3큰술
다진 땅콩 1큰술(선택 재료)
식용유 1컵

양념
양파 1/4개
청양고추 1개
고춧가루 1큰술
식용유 1큰술
설탕 2큰술
다진 마늘 1큰술
간장 2큰술
맛술 1큰술
매실액 2큰술
소금 약간

1. 가지는 한입 크기로 어슷 썬다.

2. 양념 재료의 양파와 청양고추는 잘게 다진다.

3. 위생봉지에 가지와 감자전분가루를 넣어 입구를 닫고 흔들어 고루 섞는다.

스텐 체에 올려 식히면 바삭하게 먹을 수 있어요.

4. 달군 팬에 식용유를 붓고 가지를 바삭하게 튀기고 망에 올려 식힌다.

5. 냄비에 양념 재료의 고춧가루와 식용유를 넣어 약한 불에서 섞듯이 볶다가 나머지 양념 재료를 넣고 중약불에 3분간 끓인다.

6. 튀긴 가지를 양념에 넣어 가볍게 버무리고 그릇에 담아 다진 땅콩을 올린다.

버섯탕수육 4인분

쫄깃한 식감과 비타민 C가 풍부한 새송이버섯을 주재료로 만든 비건 탕수육이에요.
버섯에 섬유소가 풍부해 배변 활동에도 좋아요. 저는 찍먹파라 새콤달콤한 탕수육소스를 따로 담아 차렸어요.
부먹파라면 소스를 한 김 식힌 탕수육에 부어 드세요.

Ingredients

표고버섯 3개
감자전분가루 3큰술
전분물 2큰술(감자전분가루 1큰술+물 1큰술)
식용유 2컵

밑간
간장 1큰술
소금 약간
후춧가루 약간

튀김옷
튀김가루 1/2컵
물 1/2컵

소스 1
양파 1/4개
불린 목이버섯 2개
브로콜리 1/4개
파프리카 1/2개

소스 2
설탕 4큰술
간장 3큰술
식초 3큰술
물 1컵

1. 표고버섯과 **소스 1** 재료는 한입 크기로 썬다.

2. 위생봉투에 버섯, **밑간** 재료를 넣고 섞은 다음 감자전분가루를 넣어 섞는다.

3. **튀김옷** 재료를 섞은 뒤 표고버섯을 넣어 섞는다.

식용유에 나무젓가락을 넣어서 올라오는 기포가 많아지면 넣어요.

4. 달군 팬에 식용유를 붓고 표고버섯을 앞뒤로 노릇하게 튀기고 망에 올려 식힌다.

5. 냄비에 **소스 2** 재료를 모두 넣고 끓어오르면 **소스 1** 재료를 넣어 끓인 다음 전분물로 농도를 맞추고 튀김과 곁들인다.

모둠채소튀김 3인분

튀김 요리지만 채소들로 만들어 확실히 속이 편안해요.
튀김 요리 어렵지 않아요! 반죽의 농도와 불 조절, 이 두 가지만 잘하면 맛있게 만들 수 있답니다.
구하기 쉬운 식재료인 고구마와 채소로 맛있는 채소튀김 만들기 도전해보세요.

Ingredients		튀김옷	간장소스
고구마 1개		튀김가루 1컵	간장 2큰술
양파 1/2개		빵가루 3큰술	물 2큰술
당근 1/3개(90g)		찬물 1컵	
깻잎 5장		얼음 5개	
식용유 3컵			

1. 고구마는 껍질째 양파, 당근, 깻잎과 함께 얇게 채 썬다.

찬물을 사용하면 바삭한 튀김을 만들 수 있어요.

2. 튀김옷 재료를 섞는다.

3. 튀김옷에 채소를 넣고 살살 버무린다.

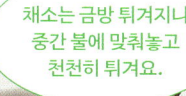
채소는 금방 튀겨지니 중간 불에 맞춰놓고 천천히 튀겨요.

4. 냄비에 식용유를 붓고 나무젓가락을 넣어서 기포가 올라오는 양이 많아지면 채소반죽을 1큰술씩 넣는다.

5. 채소튀김을 식힘망에 올려 잠시 식힌다.

6. 간장소스 재료는 섞어 채소튀김과 곁들인다.

루꼴라식빵피자

요즘은 맛있는 비건 제품이 많이 나와서 집에서도 손쉽게 먹고 싶은 요리를 만들 수 있어요.
그중에서 비건 모차렐라치즈는 짭조름한 치즈의 맛을 그대로 재현하며
소화하는 데에도 불편함이 없어 유제품을 못 먹는 분의 대체식품으로 사용하기에 좋답니다.
식빵으로 만드는 간단 버전이라 쉽고 주말 간식으로 참 좋아요.

Ingredients

- 비건 식빵 2장
- 루꼴라 1줌(20g)
- 방울토마토 10개
- 올리브절임 1큰술
- 양파 1/4개
- 양송이버섯 3개
- 토마토퓨레 4큰술
- 비건 모차렐라치즈 80g
- 비건 치즈가루 2큰술(254쪽 참고)
- 올리브유 2큰술

1. 루꼴라는 씻어 준비하고, 방울토마토, 올리브절임은 2등분하고, 양파와 양송이버섯은 채 썬다.

2. 달군 팬에 올리브유를 두르고 양파와 양송이버섯을 볶는다.

3. 식빵은 토스트기나 팬에 노릇하게 굽고 토마토퓨레를 바른다.

> 시판 비건 모차렐라치즈는 사용하기 편하게 잘라져 있는 것도 있고, 커다란 조각으로 된 것도 있어요. 큰 조각으로 된 걸 구입했다면 작고 얇게 잘라서 사용해요.

4. 3에 볶은 양파와 양송이 버섯, 모차렐라치즈를 올리고 180도로 예열된 오븐이나 에어프라이어에 넣고 15분간 굽는다.

5. 4에 루꼴라, 방울토마토, 올리브절임을 올리고 비건 치즈가루를 뿌린다.

Vegan Recipe

김밥은 속 재료로 뭘 넣느냐에 따라 다른 김밥이 탄생하는 매력이 있는 메뉴예요.

비건 김밥에는 달걀과 맛살, 햄, 어묵 대신 두부와 유부 그리고 버섯, 나물 등의 재료를 사용해요.

평소에 잘 안 먹던 채소를 슬쩍 김밥에 끼워 넣어 먹기도 하죠.

김밥 안에 들어가는 속 재료의 식감과 간이 조화로워야 맛있는 김밥이 만들어져요.

아삭하고 부드러운 식감, 달콤하고 짭조름한 맛 등 식감과 맛이 다양할수록 더 맛있답니다.

김밥의 재료를 준비하기 전에 다양한 식감과 맛을 상상해보는 일은 기대되면서 설레요.

맛있게 만들어진 김밥을 한 입 먹으면 만드느라 수고스러웠던 시간은 금세 잊어요.

다양한 재료로 자주 만들어 먹으면 김밥 마는 실력이 늘어나는 건 덤이에요.

Part 6

간편하게 먹기 좋은 **김밥**

김밥 재료와 마는 방법

김밥을 자주 말면서 생긴 노하우를 공유해요. 김밥을 말기에 좋은 김을 고르고, 밥을 맛있게 지어서 다양한 재료를 넣어 만들어요. 김밥의 속 재료를 따로 준비하지 못한 날 냉장고에 있는 반찬을 넣어 만들어 보면서 자신만의 시그니처 김밥을 찾아보는 재미도 있어요.

재료

(1) 김

김밥김은 일반 김과 달리 입자가 고르고 촘촘해서 잘 찢어지지 않는 특징이 있어요. 김밥김의 한 면은 매끈하고 한 면은 거칠어요. 거친 면 위에 밥을 올려서 만들어요.

(2) 김발

김밥을 좀 더 단단하게 말기 위해 도움을 주는 김발은 대나무로 만든 것을 추천해요. 대나무 김발은 간격이 촘촘한 걸로 고르고 사용 후에 바로 물로만 씻은 뒤 그늘에서 완전히 말려서 보관해요.

(3) 밥

김밥용 밥은 양념을 하므로 고슬고슬하게 지어야 식감이 좋아요. 쌀을 불려서 밥을 짓고, 뜨거운 김을 식혀 수분을 날리면 더 고슬고슬해져요. 밥이 따뜻할 때 양념을 넣고 주걱을 세워서 자르듯이 재빨리 섞어요.

tip
밥이 차가우면 잘 말아지지 않고, 너무 뜨거우면 김이 쪼그라드니 가장 먼저 밥에 양념을 하고 속 재료를 준비하면 김밥을 말 때 적당한 온도가 돼요.

🍚 **밥 양념(3줄, 밥 450g 기준)**

깨밥 양념	단촛물 양념
통깨 1큰술	설탕 1+1/2큰술
소금 1/3큰술	소금 1/4큰술
참기름 1큰술	식초 1+1/2큰술
	매실액 1큰술

김밥 마는 방법

1. 김발에 김의 거친 면이 위로 가게 놓고, 밥을 김 면적의 70% 가량 최대한 얇게 고루 편다.

2. 밥의 2/3에 해당하는 부분까지 속 재료를 올린다. 채 썬 재료를 가장 아래에, 두꺼운 재료를 가장 위에 놓으면 김밥을 말 때 손으로 잡기 편하다.

3. 손으로 먼저 김밥을 만다.

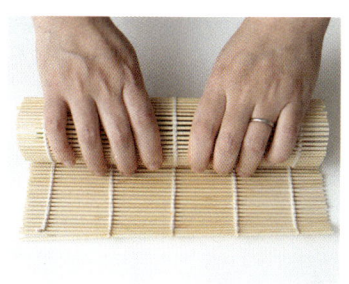

4. 김발로 김밥을 돌돌 말아 두께가 균일해지도록 누른다.

5. 김의 이음새 부분이 아래로 가도록 잠시 놓아 김이 속 재료와 잘 붙도록 한다.

6. 참기름을 겉에 바르고 한입 크기로 썬다.

두부스틱김밥 `3줄`

두부스틱김밥은 맛부터 건강까지 두루 챙기고 싶을 때 만들어 먹는 자연식물식 김밥이에요.
바싹하게 구워 고소하면서도 단짠 양념으로 짭조름하게 조려낸 두부스틱이 맛의 중심이 되어주니,
나머지 재료는 신선하고 아삭한 식감의 채소를 넣었어요.
더 건강한 김밥으로 만들고 싶다면 밥을 현미나 잡곡으로 바꿔보세요.

Ingredients

밥 3공기(450g)
김밥김 3장
두부 1/2모(150g)
오이 1/2개
당근 1/3개(60g)
쌈무 10장
오이고추 3개
깻잎 12장
식용유 3큰술
소금 약간

깨밥 양념
통깨 1큰술
소금 1/3큰술
참기름 1큰술

두부 양념
설탕 1큰술
맛술 1큰술
간장 1+1/2큰술
물 1큰술
소금 약간

1. 밥에 **깨밥 양념**을 넣고 섞은 뒤 식힌다.

2. 두부는 길게 6등분해서 키친타월에 올려 물기를 빼고, 오이는 씨를 제거하고 길게 6등분한다.

쌈무의 물기는 꼭 짜서 사용해요.

3. 당근과 쌈무는 얇게 채 썰고, 오이고추는 씨를 빼고 길게 채 썰고, 깻잎은 씻어 물기를 뺀다.

4. 두부 양념은 섞는다.

5. 달군 팬에 식용유 2큰술을 두르고 두부를 올려 소금을 뿌리고 바삭하게 구운 뒤 두부 양념을 넣어 조린다.

6. 달군 팬에 식용유 1큰술을 두르고 당근과 소금을 넣고 볶는다.

7. 김 위에 밥을 올려 얇게 펴고 깻잎 4장→채 썬 당근→쌈무→오이 2개→두부 2개→오이고추를 올려 김밥을 만다.

세발나물김밥

봄에 나는 세발나물을 익히지 않고 생으로 만들어 조리 과정이 아주 간단해요.
갯벌의 염분을 먹고 자라 짭조름한 세발나물은 김밥의 속 재료로 특히 잘 어울려요.
식감이 오독오독해서 씹는 재미도 있답니다.

Ingredients

밥 3공기(450g)
김밥김 3장
두부 1/2모(150g)
세발나물 100g
식용유 2큰술
소금 약간

깨밥 양념
통깨 1큰술
소금 1/3큰술
참기름 1큰술

세발나물 양념
갈은 통깨 1큰술
간장 1+1/2큰술
참기름 1큰술

1. 밥에 **깨밥 양념**을 넣고 섞은 뒤 식힌다.

2. 두부는 길게 6등분해서 키친타월에 올려 물기를 빼고, 세발나물은 씻어 체에 밭쳐 물기를 뺀다.

3. 달군 팬에 식용유를 두르고 두부를 올려 소금을 뿌리고 노릇하게 굽는다.

4. 세발나물에 **세발나물 양념**을 넣고 버무린다.

5. 김 위에 밥을 올려 얇게 펴고 세발나물 → 두부 2개를 올려 김밥을 만다.

버섯김밥

김밥은 평소 밥의 양보다 많이 먹게 되더라고요. 그래서 지방은 적고 식이섬유가 풍부한 표고버섯이 김밥의 속 재료로 좋아요. 표고버섯은 짭조름하게 양념하고, 당근은 소금만 뿌려 담백하게 볶았어요. 그리고 포인트 식감으로 아삭한 상추를 더하면 맛이 다채로워진답니다.
포만감도 있고, 살찔 걱정 없는 김밥을 먹고 싶다면 버섯김밥을 한번 만들어보세요.

Ingredients			
	밥 3공기(450g)	**깨밥 양념**	**표고버섯 양념**
	김밥김 3장	통깨 1큰술	설탕 1큰술
	표고버섯 6개	소금 1/3큰술	간장 1+1/2큰술
	당근 2/3개(120g)	참기름 1큰술	참기름 1큰술
	상추 6장		
	식용유 2큰술		
	소금 약간		

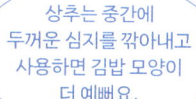

상추는 중간에 두꺼운 심지를 깎아내고 사용하면 김밥 모양이 더 예뻐요.

1. 밥에 **깨밥 양념**을 넣고 섞은 뒤 식힌다.

2. 표고버섯은 밑동을 제거하고 얇게 썰고, 당근은 채 썰고, 상추는 씻어 물기를 뺀다.

3. 달군 팬에 식용유 1큰술을 두르고 표고버섯을 볶다가 **표고버섯 양념**을 넣고 조린다.

4. 달군 팬에 식용유 1큰술을 두르고 당근과 소금을 넣고 볶는다.

5. 김 위에 밥을 올려 얇게 펴고 상추 2장 → 당근 → 표고버섯을 올려 김밥을 만다.

유부우엉김밥 3줄

단촛물 양념을 한 밥과 단짠으로 졸여낸 유부와 우엉,
식감과 향이 포인트가 되는 깻잎이 더해져 김밥의 맛을 한층 더 끌어내준답니다.
심심한 듯하게 맞춘 유부와 우엉의 양념 맛이 입안에서 나머지 재료와 조화롭게 어우러질 거예요.

Ingredients

- 밥 3공기(450g)
- 김밥김 3장
- 당근 2/3개(120g)
- 유부 1줌(70g)
- 깻잎 15장
- 우엉조림 6큰술(126쪽 참고)
- 식용유 1큰술
- 소금 약간

단촛물 양념
- 설탕 1+1/2큰술
- 소금 1/4큰술
- 식초 1+1/2큰술
- 매실액 1큰술

유부 양념
- 설탕 1큰술
- 맛술 1큰술
- 간장 2큰술

1. 밥에 **단촛물 양념**을 넣고 섞은 뒤 식힌다.

2. 당근과 유부는 채 썰고, 깻잎은 씻어 물기를 뺀다.

3. 달군 팬에 유부, **유부 양념**을 넣고 조린다.

4. 팬에 식용유를 두르고 당근과 소금을 넣고 볶는다.

5. 김 위에 밥을 올려 얇게 펴고 깻잎 3장→유부→당근→우엉조림→깻잎 2장을 올려 김밥을 만다.

아보카도오이김밥

비타민과 미네랄이 많은 아보카도는 잘 익혀 먹으면 버터 같은 부드러운 식감을 느낄 수 있어요.
단촛물 양념을 한 밥에 시원한 오이와 아보카도를 감싸서 김밥을 만들고,
고소하게 만든 마요소스에 찍어 먹으면 기분까지 좋아져요.

Ingredients

밥 3공기(450g)
김밥김 3장
아보카도 1개
오이 2개
소금 약간

단촛물 양념
설탕 1+1/2큰술
소금 약간
식초 1+1/2큰술
매실액 1큰술

비건 마요소스(200g)
두유 1/2팩(90ml)
식용유 100ml
캐슈넛 8개
설탕 1큰술
홀그레인 머스터드 1/3큰술
레몬즙 1큰술
식초 1/2큰술
매실액 1큰술
소금 약간

1. 밥에 **단촛물 양념**을 넣고 섞은 뒤 식힌다.

2. 아보카도는 반으로 갈라 껍질을 벗기고 세로로 4등분한다.

3. 오이는 씨를 제거하고 얇게 채 썬다.

손에 조금씩 물을 묻히면서 싸면 밥이 달라붙지 않아요.

4. 김발 위에 랩을 깔고 김 위에 밥을 올려 전체적으로 얇게 펴고 뒤집은 후 오이→아보카도 2~3개를 올리고 김밥을 만다.

시판 비건 마요네즈를 곁들여도 좋아요.

5. 믹서에 **비건 마요소스** 재료를 넣고 곱게 갈아 김밥에 곁들인다.

양배추템페김밥 3줄

템페는 청국장, 나토와 더불어 세계 3대 콩 발효식품 중 하나예요. 발효식품이지만 냄새가 많이 나지 않아 먹기에 거부감이 없고, 달콤한 양념으로 조려내서 너무 맛있답니다. 저는 템페를 쉽게 먹기 위해 이 김밥을 만들어요. 장에 좋은 발효식품을 김밥에 넣어 맛도 챙기면서 몸에도 건강하게 먹어보세요.

Ingredients

밥 3공기(450g)
김밥김 3장
템페 1/2봉(100g)
양배추 샐러드 믹스 1봉(100g)
깻잎 9장
소금 약간
식용유 2큰술

깨밥 양념
통깨 1큰술
소금 1/3큰술
참기름 1큰술

템페 양념
설탕 2큰술
간장 2큰술
물 2큰술

마요네즈 양념
설탕 1+1/2큰술
비건 마요네즈 2큰술
홀그레인 머스터드 1큰술

1. 밥에 **깨밥 양념**을 넣고 섞은 뒤 식힌다.

2. 템페는 길게 6등분한다.

3. 양배추 샐러드 믹스와 깻잎은 물에 헹구고 물기를 뺀다.

4. 달군 팬에 식용유를 두르고 템페를 올려 소금을 뿌리고 노릇하게 굽고 **템페 양념**을 넣어 중간 불에서 조린다.

양배추의 수분으로 국물이 생길 수 있으니 먹기 직전에 버무려서 사용하고 만들고 난 다음 바로 먹어요.

5. 양배추에 마요네즈 양념을 넣고 버무린다.

6. 김 위에 밥을 올려 얇게 펴고 깻잎 3장→양배추샐러드→템페 2조각을 올려 김밥을 만다.

두부텐더김밥 (3줄)

요새는 시판 식물성 단백질 제품이 다양하게 나오죠. 저는 그중에서도 매콤하고,
고소한 두부텐더를 단골 반찬으로 애용하는데요. 김밥 속 재료로 넣어도 잘 어울려요.
고기처럼 결이 살아 있어 식감이 쫄깃하고 바싹해서 정말 맛있어요.
아삭아삭한 양상추와 영양 가득한 당근이 함께 들어있어 두부텐더를 더 맛있게 먹을 수 있어요.

Ingredients	밥 3공기(450g)	**깨밥 양념**	**와사비마요소스**
	김밥김 3장	통깨 1큰술	비건 마요네즈 2큰술
	두부텐더 3개	소금 1/3큰술	아가베시럽 1큰술
	양상추 12장	참기름 1큰술	고추냉이 1큰술
	당근라페 6큰술(150쪽 참고)		매실액 1큰술
	식용유 2큰술		소금 약간

> 두부텐더를 구하기 어렵다면 두부를 손가락 모양으로 길게 썰어 소금을 약간 뿌리고 전분가루를 묻혀 구워요.

1. 밥에 **깨밥 양념**을 넣고 섞은 뒤 식힌다.

2. 양상추는 씻어 물기를 제거하고, 당근라페는 짜서 건더기만 사용한다.

3. 팬에 식용유를 두르고 두부텐더를 노릇하게 굽고 세로로 2등분한다.

4. 김 위에 밥을 펴 올리고 양상추 4장→당근라페→두부텐더 2조각을 올리고 김밥을 만다.

5. 와사비마요소스 재료는 섞어 김밥과 곁들인다.

불고기김밥 3줄

남편에게 한 끼라도 고기를 덜 먹이고 싶어서 밥상에 식물성 고기를 차려줄 때가 있어요.
그중에서 가장 맛있게 먹는 언리미트 식물성 불고기로 김밥을 만들었어요.
깻잎, 쌈무와 함께 김밥 재료로 넣어 먹어보니 더욱 맛있었답니다.
불고기에 양념이 다 되어 있어 만들기도 간단해서 편해요.

Ingredients

밥 3공기(450g)
김밥김 3장
식물성 불고기 1팩(260g)
어린잎채소 1줌(30g)
깻잎 12장
쌈무 12장
식용유 2큰술

깨밥 양념

통깨 1큰술
소금 1/3큰술
참기름 1큰술

1. 밥에 **깨밥 양념**을 넣고 섞은 뒤 식힌다.

2. 어린잎채소와 깻잎은 씻어서 물기를 털고, 쌈무는 꼭 짠다.

cooking tip

언리미트 식물성 불고기는 얇고 부드러운 고기 결을 구현해, 일반적으로 즐겨먹는 불고기 식감을 살렸어요. 마늘과 간장으로 맛을 낸 특제 불고기 소스로 양념되어 있어요. 100g당 단백질이 21g 포함된 고단백 제품으로, 식물성 대체 식품으로 부담 없이 단백질 섭취하기에 좋아요.

전날 미리 냉장실에서 해동해요.

3. 달군 팬에 식용유를 두르고 불고기를 볶는다.

4. 김 위에 밥을 펴 올리고 깻잎 4장→쌈무 4장→불고기→어린잎채소를 올리고 김밥을 만다.

김치콩나물김밥 3줄

매콤한 게 당기는 날 만들어 먹으면 더욱 맛있는 김밥이에요. 밥에 고추장과 참기름을 넣어 비벼서 매콤하면서도 고소하고, 채식 김치와 콩나물 두 가지 재료가 모두 아삭해서 식감과 맛이 조화로워요. 평소에 김치를 좋아한다면 묵은 채식 김치(묵은지)로 꼭 한번 만들어보세요.

Ingredients		
	밥 3공기(450g)	**밥 양념**
	김밥김 3장	설탕 1큰술
	채식 김치 6장	통깨 1큰술
	콩나물무침 100g(98쪽 참고)	고추장 1큰술
		참기름 1큰술

1. 밥에 **밥 양념**을 넣고 비빈다.

2. 김치는 물에 헹궈 붙어 있는 양념을 모두 털고 물기를 짠다.

> 콩나물무침 대신 콩나물을 삶아서 사용해도 좋아요.

3. 콩나물무침은 국물은 제외하고 건더기만 준비한다.

4. 김 위에 비빔밥을 얇게 펴고 김치 2장→콩나물무침순으로 올려 김밥을 만다.

땡초김밥 _{3줄}

청양고추가 잔뜩 들어갔는데도 씨를 빼고 잘게 다진 후 기름에 볶아 맵지 않아요.
새송이버섯을 함께 볶아서 감칠맛을 더했어요. 단무지의 아삭아삭함과 새콤함이 김밥의 포인트랍니다.
계절이 바뀔 때 만들어 먹으면 입맛도 살리고 청양고추에서 비타민 섭취도 듬뿍 할 수 있어 피로 해소에도 좋아요.

Ingredients

밥 3공기(450g)
김밥김 3장
청양고추 10개
새송이버섯 1개
단무지 3줄
식용유 2큰술
참기름 1큰술

양념
설탕 1+1/2큰술
통깨 2큰술
다진 마늘 1/3큰술
간장 2큰술
맛술 1큰술

1. 청양고추는 반 갈라 씨를 제거해 다진다. 새송이버섯은 다지고, 단무지는 물기를 뺀다.

2. 팬에 식용유를 두르고 청양고추와 새송이버섯을 볶는다.

국물이 반 정도 줄어들 때까지 조려요.

3. 새송이버섯이 노릇해지면 **양념**을 넣고 조린다.

4. 밥에 3을 넣고 섞는다.

5. 김 위에 밥을 얇게 펴고 단무지 1줄을 올려 김밥을 만다.

꼬마김밥 2인분

한입 크기로 만들어서 아이부터 온 가족이 함께 먹기 좋은 꼬마김밥이에요.
최소한으로 들어가는 속 재료만으로도 충분히 김밥의 맛을 느낄 수 있어 만족스럽답니다.
매콤하게 톡 쏘는 겨자소스에 찍어 먹으면 끝도 없이 들어가서 깜짝 놀라실 거예요.

Ingredients

밥 2공기(300g)
김밥김 3장
시금치 2줌(120g)
당근 1/2개(90g)
단무지 6줄
식용유 1큰술
소금 약간

깨밥 양념
통깨 1큰술
소금 1/3큰술
참기름 1큰술

시금치 양념
참기름 1큰술
소금 약간

겨자소스
설탕 1큰술
맛술 1큰술
간장 3큰술
매실액 1큰술
연겨자 1/2큰술

1. 밥에 **깨밥 양념**을 넣고 섞은 뒤 식힌다.

2. 시금치는 잎 위주로 떼고, 당근은 채 썰고, 단무지는 가로로 2등분 하고, 김밥김은 가로세로로 4등분한다.

3. 끓는 물에 시금치를 15초간 데친다. 찬물에 헹군 뒤 물기를 꼭 짜고 **시금치 양념**을 넣어 무친다.

4. 달군 팬에 식용유를 두르고 당근과 소금을 넣고 볶는다.

5. 김 위에 밥을 얇게 펴고 당근→시금치→단무지 1줄순으로 올리고 김밥을 만다.

6. **겨자소스** 재료는 섞어 김밥에 곁들인다.

장아찌김밥 (3줄)

저장 반찬으로 만들어 둔 우엉장아찌를 이용해 손쉽게 만들어 먹는 건강한 김밥이에요.
새싹채소와 무순의 아삭한 식감이 새콤하면서 달달한 장아찌의 맛과 참 잘 어울려요.
김밥 한 줄에 오이고추 한 개가 통으로 들어가 아삭한 식감까지!
속을 가볍게 만들고 싶을 때 장아찌김밥을 만들어보세요.

Ingredients

흑미밥 3공기(450g)
김밥김 3장
당근 2/3개(120g)
오이고추 3개
무순 1줌(20g)
새싹채소 2줌(50g)
우엉장아찌 5큰술(166쪽 참고)
식용유 1큰술
소금 약간

깨밥 양념
소금 1/3큰술
참기름 1큰술
통참깨 1큰술

1. 밥에 **깨밥 양념**을 넣고 섞은 뒤 식힌다.

2. 당근은 채 썰고, 오이고추는 꼭지를 따고, 무순과 새싹채소는 깨끗이 씻어 물기를 뺀다.

3. 우엉장아찌는 물기를 짠다.

4. 달군 팬에 식용유를 두르고 당근과 소금을 넣어 볶는다.

5. 김 위에 밥을 얇게 펴고 새싹채소→무순→당근→우엉장아찌→오이고추 1개순으로 올려 김밥을 만다.

Vegan Recipe

주말 아침 늦잠 자고 일어나 가벼운 밥상이 필요한 날 먹으면 좋은 비건 브런치 메뉴를 소개해요.

브런치 메뉴는 속에 편안한 식사인지를 가장 먼저 고려하는데요.

그래서 재료를 더 따뜻하고 부드럽게 조리해 온기를 더 해요.

속이 편한 채소들을 많이 사용해서 위장을 좀 더 편하게 해주고

기름 사용을 줄여 재료 본연의 맛을 느끼도록 만들어볼게요.

Part 7

가볍게 먹는
브런치

당근감자수프

담백한 당근과 고소한 감자, 달큰한 양파의 세 가지 맛이 잘 어우러져 정말 맛있는 당근감자수프는
속이 편안한 음식을 먹고 싶을 때 가장 먼저 생각나요. 자극적이지 않아 속이 편해요.
좀 더 풍성한 맛을 위해 캐슈너트와 코코넛밀크를 더했어요. 잘 구운 빵이나 건강한 김밥을 곁들여도 잘 어울려요.

Ingredients

양파 1개
감자 1/2개
당근 1개(180g)
채수 3컵
올리브유 2큰술

양념
캐슈너트 15알
소금 1/3큰술
코코넛밀크 2큰술
후춧가루 약간

1. 양파, 감자, 당근은 채 썬다.

2. 냄비에 올리브유를 두르고 양파를 볶는다.

3. 양파가 투명해지면 당근과 감자를 넣어 감자가 반 정도 익을 때까지 볶는다.

4. 채수를 넣어 감자가 익을 때까지 끓인 뒤 식힌다.

묽기는 채수로 조절해요.

5. 믹서에 4와 **양념**을 넣고 곱게 간다.

옥수수수프 3인분

초당 옥수수가 맛있어지는 계절이 오면 생각나는 달콤한 옥수수수프예요.
매번 초당 옥수수를 구하기 어려워 병옥수수로 만들어 먹곤 하는데요.
적당한 양의 설탕과 소금이 들어가 있어 따로 간을 하지 않아도 너무 맛있어요.
감자와 양파도 함께 들어가 다양하면서도 깊은 단맛을 맛볼 수 있답니다.

Ingredients

병옥수수 1병(310g)
양파 1/2개
감자 1개
물 2컵
올리브유 2큰술

양념
소금 1/3큰술
후춧가루 약간

1. 옥수수는 체에 밭쳐 물기를 뺀다.

2. 양파와 감자는 채 썬다.

3. 달군 팬에 올리브유를 두르고 양파가 투명해질 때까지 볶는다.

4. 냄비에 볶은 양파, 감자, 물을 넣고 약한 불에서 10분간 끓인다.

5. 4와 옥수수를 믹서로 곱게 간다.

재료의 씹는 식감을 좋아한다면 이 과정은 건너뛰어요.

6. 5를 체에 거르고 **양념**을 넣는다.

후무스샐러드

2인분

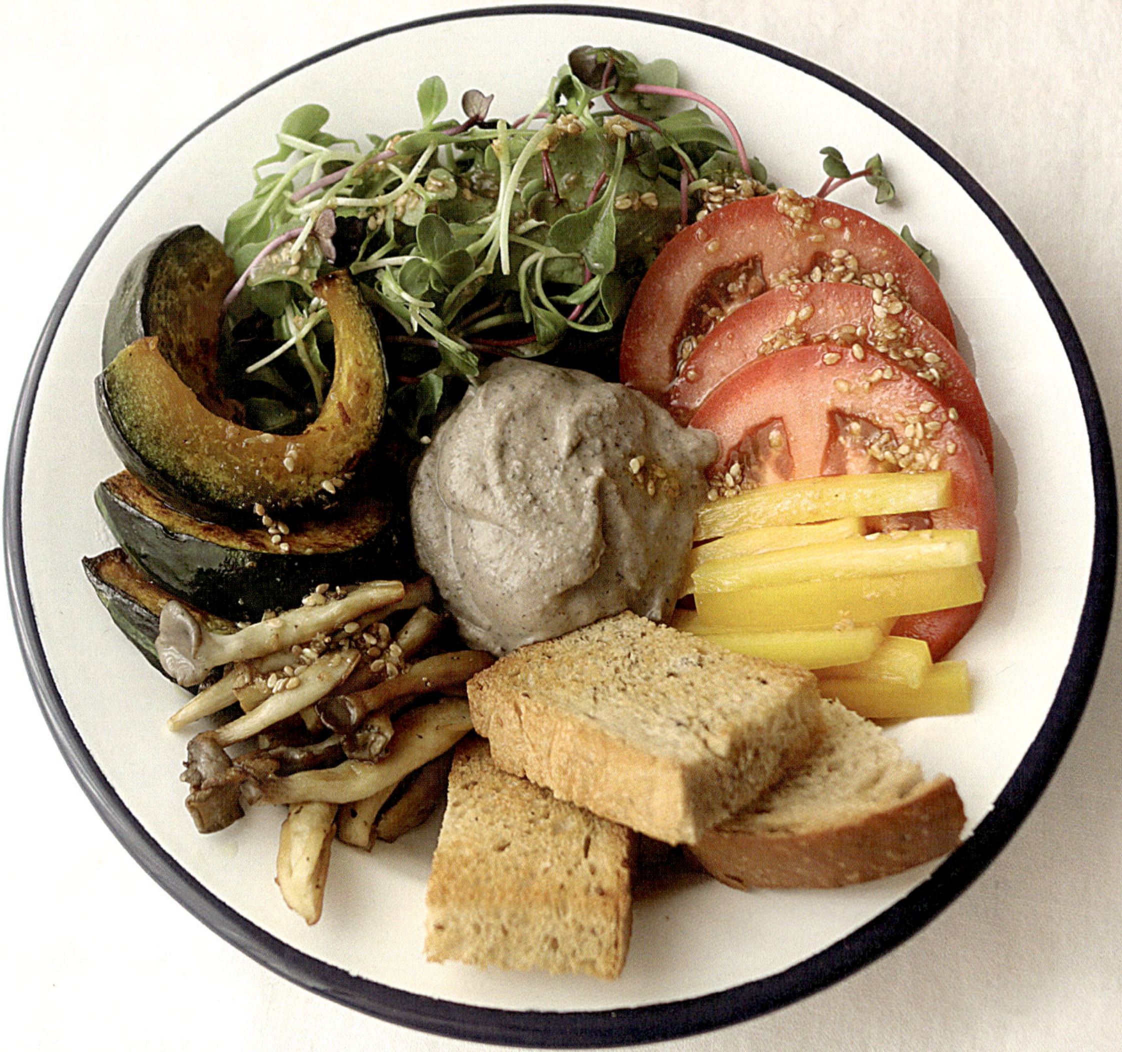

여러 종류의 채소와 따뜻하게 구운 단호박, 버섯 그리고 콩을 갈아 만든 후무스까지 먹고
나면 밥 한 그릇 못지않은 포만감에 만족스러워요. 정성스러운 샐러드 한 그릇 먹고 싶은 날 꼭 만들어보세요.

Ingredients

단호박 1/2개
느타리버섯 30g
토마토 1/2개
파프리카 1/2개
어린잎채소 1줌
검정콩후무스 3큰술(178p 참조)
통밀빵 2조각
소금 약간
올리브유 2큰술

소스
갈은 통깨 1큰술
화이트발사믹 1큰술
메이플시럽 2큰술
레몬즙 1큰술
올리브유 2큰술

1. 단호박은 얇게 썰고, 느타리버섯은 가닥가닥 뜯고, 토마토는 둥근 모양을 살려 썰고, 파프리카는 세로로 길게 썬다.

2. 어린잎채소는 씻어 체에 밭쳐 물기를 뺀다.

3. 소스 재료는 섞는다.

4. 달군 팬에 올리브유를 두르고 느타리버섯, 단호박을 올리고 소금을 뿌려 굽는다.

> 바게트도 잘 어울리니 원하는 비건 빵을 곁들여보세요.

5. 통밀빵을 4등분해 마른 팬에 살짝 굽는다.

> 샐러드를 섞기 전에 빵에 후무스를 찍어서 맛보세요.

6. 그릇에 준비된 재료를 담고 소스를 뿌리고 가운데에 검정콩후무스를 올린다.

땅콩국수샐러드 2인분

국수에 다양한 채소와 고소하고 진한 땅콩소스를 넣고 만든 국수샐러드는 입맛 없는 더운 날에 먹기 좋아요.
먹고 나면 속이 든든하고 한 끼 식사로 만족스럽답니다.
채소는 꼭 레시피대로 하지 않아도 되니 좋아하는 채소를 넣어서 만들어보세요.

Ingredients

소면 2인분
양배추 1/8개
당근 1/4개(45g)
양파 1/4개
로메인 2장
다진 땅콩 1큰술(선택 재료)

양념
소금 1/4큰술
참기름 1큰술
후춧가루 약간

땅콩소스
설탕 2큰술
땅콩버터 3큰술
매실액 2큰술
간장 2큰술
레몬즙 1큰술
물 3큰술

1. 양배추, 당근, 양파, 로메인은 얇게 채 썬다.

소면을 끓이는 시간은 제품마다 다르니 상품 설명을 참고해요.

2. 끓는 물에 소면을 삶아 찬물에 헹구고 체에 밭쳐 물기를 뺀다.

3. 소면에 **양념**을 넣어 버무린다.

물은 처음부터 다 넣지 말고 소스의 농도를 보면서 조금씩 추가해요.

4. **땅콩소스** 재료는 섞는다.

5. 볼에 손질한 채소를 모두 넣고 땅콩소스 2/3 분량을 넣어 살살 버무린다.

6. 그릇에 5의 채소를 넓게 깔고 양념한 소면, 남은 땅콩소스, 다진 땅콩을 올린다.

모둠채소구이

2인분

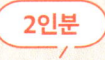

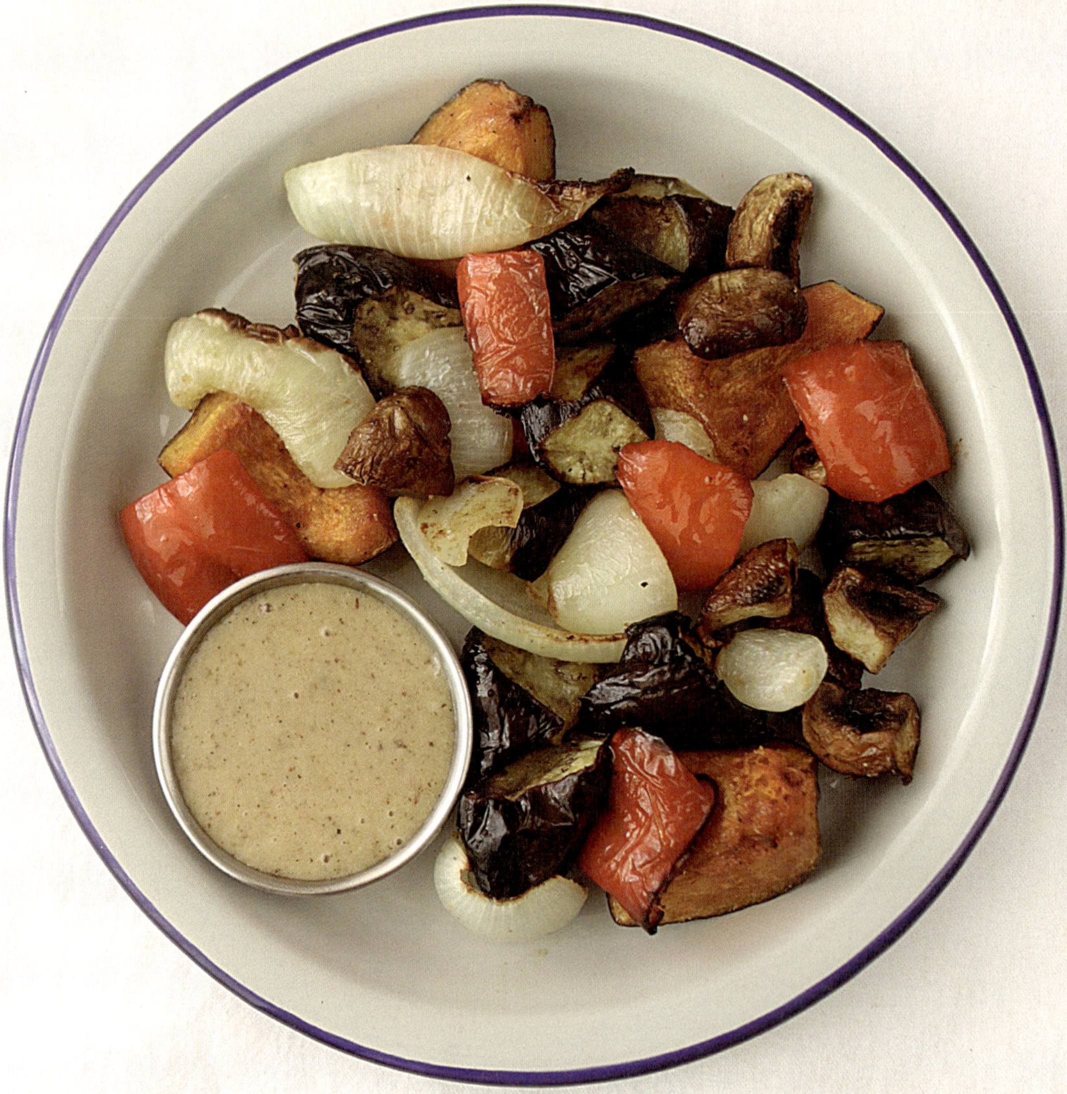

채소는 따뜻하게 익혀 먹으면 영양소 흡수가 더 잘 되고 소화에도 큰 도움이 돼요.
몸에 채소의 영양분을 가득 담고 싶을 때 애용하는 메뉴입니다. 고소한 들깨마요소스를 곁들여 먹으면 더욱 맛있어요.

Ingredients

양파 1/2개
파프리카 1/2개
가지 1개
양송이버섯 2개
단호박 1/4개

양념
소금 1/3큰술
올리브유 2큰술
레몬즙 1큰술
후춧가루 약간
마늘가루 약간
양파가루 약간

들깨마요소스
설탕 1큰술
들깻가루 2큰술
간장 1/3큰술
참기름 1/2큰술
비건 마요네즈 2큰술

1. 양파, 파프리카, 가지, 양송이버섯, 단호박은 한입 크기로 썬다.

2. 볼에 준비한 채소와 버섯을 담고 **양념**을 넣어 가볍게 버무린다.

달군 팬에 올리브유를 두르고 구워도 맛있어요.

3. 180도로 예열된 에어프라이어나 오븐에 15분간 굽고, 뒤집어서 7분간 굽는다.

4. 들깨마요소스 재료는 섞는다.

5. 구운 채소를 접시에 담고 들깨마요소스를 곁들인다.

감자샐러드샌드위치

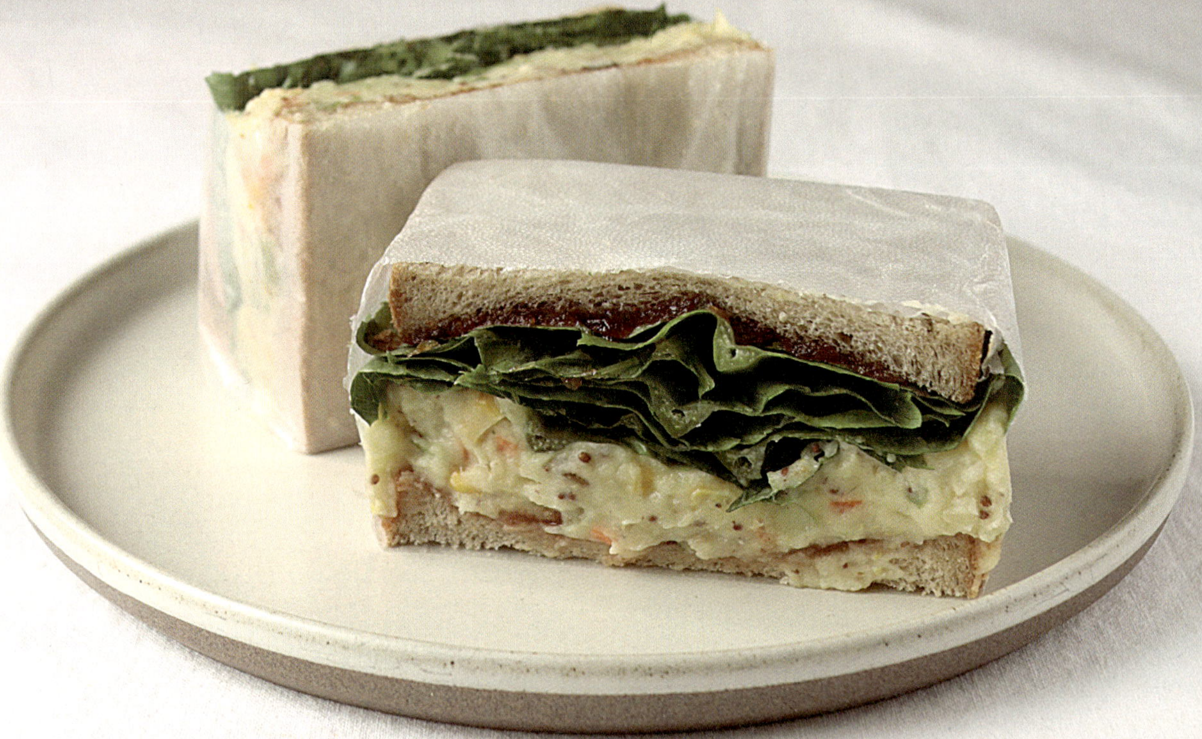

감자는 사과보다 비타민 C가 3배나 많아 땅에서 나는 사과라고 불리기도 한답니다.
특히 햇감자는 식감이 포슬포슬해서 크리미한 비건 마요네즈에 버무려 샐러드로 만들면 너무 맛있어요.
넉넉하게 만들어 빵에 넣어 샌드위치로, 또는 밥반찬으로도 먹어보세요.

Ingredients

비건 식빵 4장
로메인 4장
토마토잼 4큰술(172쪽 참조)
소금 1/2큰술(오이 절이는 용도)

감자샐러드

감자 3개(550g)
당근 1/3개(60g)
오이 1개
건포도 2큰술
병옥수수 3큰술
설탕 3큰술
소금 1/3큰술
생레몬즙 2큰술
홀그레인머스터드 1/2큰술
비건 마요네즈 6큰술

1. 로메인은 씻어서 물기를 턴다.

2. **감자샐러드**의 감자는 껍질을 벗기고 4등분하고 찜기에 15분 정도 쪄서 완전히 익힌다.

3. 당근은 잘게 다지고, 오이는 얇게 썰어 소금 뿌려 10분간 절인 후 면포에 짜서 물기를 뺀다.

감자가 뜨거울 때 으깨야 만들기 쉬워요.

4. 볼에 감자를 넣고 포크로 으깬 뒤 나머지 감자샐러드 재료를 섞는다.

5. 마른 팬에 식빵을 앞뒤로 노릇하게 굽는다.

6. 유산지를 깔고 식빵에 토마토 잼 1큰술씩 바르고 식빵 위에 감자샐러드→로메인 2장→나머지 식빵순으로 올려 포장해 2등분한다.

단호박사과샌드위치 2인분

달달하면서도 부드러운 단호박은 영양소가 많은 껍질까지 먹는 게 좋아요.
고소한 비건 마요네즈에 버무려 샐러드를 만들고 샌드위치 속 재료로 활용해보세요. 아삭한 식감의 사과와 함께
샌드위치로 만들면 식감도 맛도 영양까지 모두 챙길 수 있는 건강한 한 끼를 먹을 수 있어요.

Ingredients

비건 식빵 4장
로메인 4장
사과 1개
사과잼 4큰술(168쪽 참조)

단호박샐러드
단호박 1개
다진 호두 2큰술
설탕 1큰술
소금 1/3큰술
비건 마요네즈 2큰술

1. 로메인은 씻어서 물기를 턴다.

단호박 껍질에 영양분이 많으니 함께 으깨요.

2. 단호박샐러드 재료의 단호박은 한입 크기로 썰어서 찜기에 8~10분간 찐 뒤 곱게 으깬다.

3. 나머지 샐러드 재료를 모두 넣어 섞는다.

미리 썰어두면 갈변하니 먹기 직전에 썰어요.

4. 사과는 껍질째 얇게 썬다.

5. 마른 팬에 식빵을 앞뒤로 노릇하게 굽는다.

6. 유산지를 깔고 식빵에 사과잼 1큰술씩 바르고 단호박샐러드→사과→로메인 2장→나머지 식빵순으로 올려 포장해 2등분한다.

템페채소랩

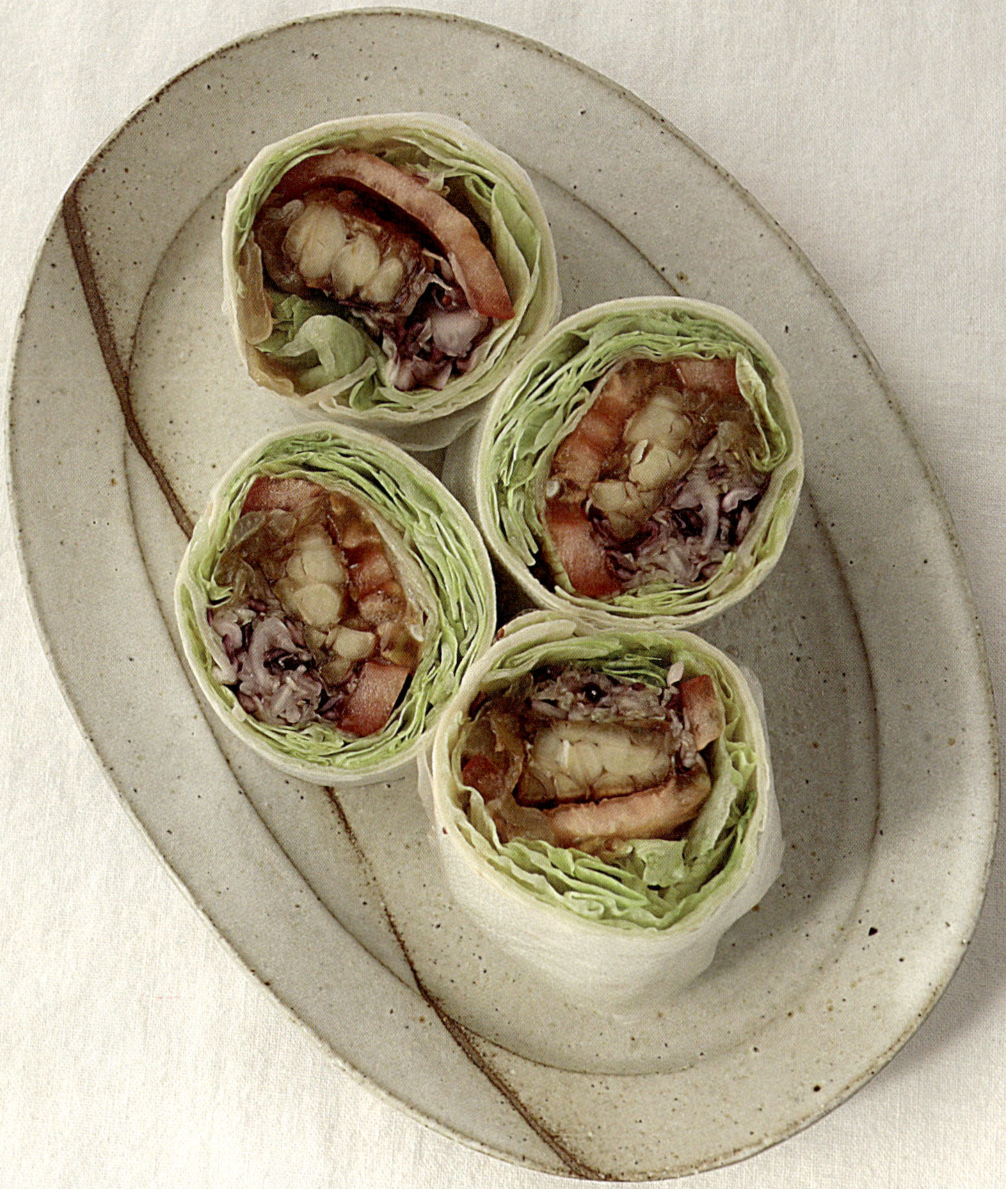

콩을 발효시킨 템페는 소금만 뿌려 굽기만 해도 고소하고 맛있어요.
거기에 간장 양념으로 살짝 조려내면 감칠맛까지 더해지죠. 아삭한 양상추와 토마토까지 더해
토르티야에 올려 말아 먹으면 든든하고 맛있어서 브런치로도 좋고 출출할 때 간식으로 먹어도 좋아요.

Ingredients

통밀 토르티야 2장
템페 1/2개(100g)
양상추 4장
토마토 1개
양파 1개
양배추라페 4큰술(148쪽 참조)
비건 마요네즈 2큰술
식용유 3큰술

양념

설탕 2큰술
간장 1+1/2큰술
맛술 1큰술
물 3큰술

1. 양상추는 먹기 좋게 뜯어서 물에 헹군 후 체에 밭쳐 물기를 제거한다.

템페 대신 두부를 구워서 넣어도 맛있어요.

2. 토마토와 양파는 얇게 썰고, 템페는 2등분한다.

전날 미리 만들어 놓으면 편리해요.

3. 팬에 식용유 2큰술을 두르고 양파를 넣어 진한 갈색이 날 때까지 30분 정도 볶아 덜어둔다.

4. 팬에 식용유 1큰술을 두르고 템페를 굽다가 **양념**을 넣고 조린다.

5. 마른 팬에 토르티야를 앞뒤로 살짝 굽는다.

양배추라페 대신 당근라페를 넣어도 좋아요.

6. 유산지를 깔고 토르티야 가운데에 마요네즈를 1큰술 바른 다음 양상추→양파→토마토→양배추라페 2큰술→템페 1조각순으로 올려 김밥 말듯이 돌돌 말아 2등분한다.

시금치페스토파스타

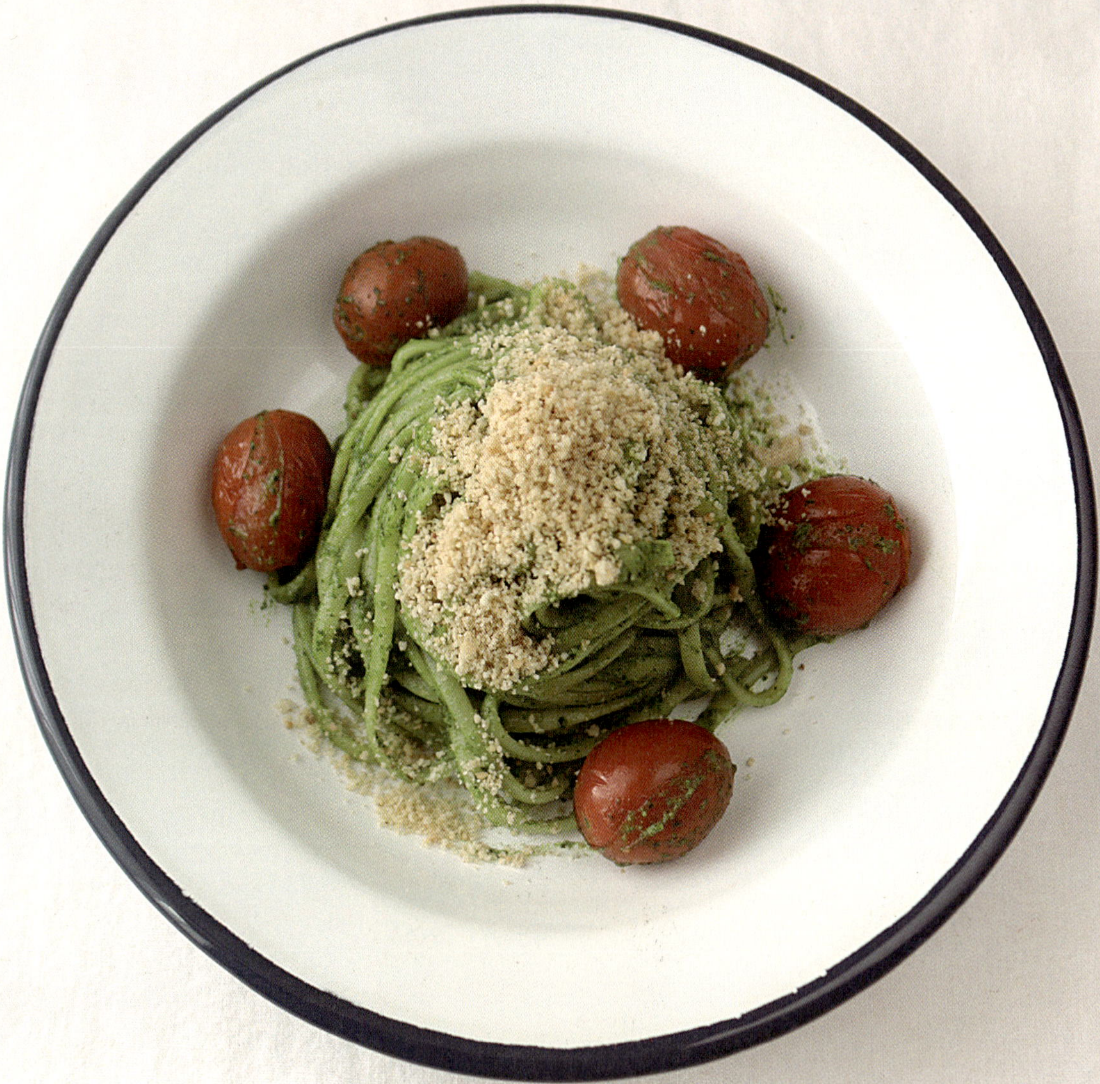

시금치를 페스토로 만들어 파스타면에 넣으면 그야말로 고급 브런치 메뉴가 만들어진답니다.
이대로 먹어도 맛있지만, 비건 치즈가루도 꼭 함께 곁들여보세요.
다양한 견과류와 영양효모인 뉴트리셔널이스트가 더해주는 풍미가 너무 좋아요.

Ingredients

파스타면 2인분	**시금치페스토(250g)**	**비건 치즈가루(60g)**
방울토마토 9개	시금치 1/2단(150g)	호두 5개
소금 1큰술	구운 잣 3큰술	캐슈너트 15개
올리브유 1큰술	마늘 1개	구운 땅콩 20개
	소금 1/3큰술	소금 1/4큰술
	레몬즙 2큰술	뉴트리셔널이스트 1/2큰술
	올리브유 5큰술	

◦ 냉장 보관하며, 3~5일 이내로 먹어요.
  빵에 발라 먹거나 볶음밥을 만들 때 활용해도 좋아요.

> 분쇄기가 없다면 칼로 다지거나 절구를 이용해요.

1. **비건 치즈가루** 재료를 분쇄기로 간다.

> 올리브유는 처음부터 다 넣지 말고 조금씩 넣어가면서 적당한 질감을 찾아요.

2. **시금치페스토** 재료의 시금치는 씻어 물기를 털어 나머지 재료와 함께 핸드 믹서로 곱게 간다.

> 파스타면을 끓이는 시간은 제품마다 다르니 상품 설명을 참고해요.

3. 끓는 물에 파스타면과 소금을 넣어 삶는다.

4. 팬에 올리브유를 두르고 토마토를 3분간 볶는다.

> 너무 뻑뻑해지지 않도록 파스타를 끓인 면수를 1~2큰술씩 추가하며 끓여요.

5. 익은 파스타면, 시금치페스토 4큰술을 넣어 2분간 볶는다.

6. 그릇에 파스타를 담고 비건 치즈가루를 2큰술 뿌린다.

가지토마토파스타

부드럽고 달콤한 가지와 상큼한 토마토의 만남은 요리가 맛있어지는 마법의 조합이랍니다.
둘 다 여름이 제철인 열매채소라 몸을 차게 하는 성질이 있으니 한창 더운 날에 만드는 걸 추천해요.
조리를 따뜻하게 해서 먹으면 위장에도 편하고 영양소 흡수율도 높아져서 건강에 도움이 된답니다.

Ingredients

파스타면 2인분
가지 2개
양파 1/2개
마늘 5개
토마토퓨레 2컵
소금 1큰술+약간
올리브유 3큰술
비건 치즈가루 2큰술(255쪽 참조)

향신료(선택 재료)
마늘가루 약간
양파가루 약간
소금 약간
파슬리가루 약간
월계수잎 1장

> 분쇄기가 없다면 칼로 다지거나 절구를 이용해서 만들어요.

1. 가지는 세로로 4등분, 가로로 3등분해 썰고, 양파와 마늘은 잘게 썬다.

2. 팬에 올리브유 2큰술 두르고 가지를 노릇하게 굽는다.

3. 끓는 물에 파스타면과 소금 1큰술을 넣어 삶는다.

4. 팬에 올리브유 1큰술을 두르고 마늘, 양파, 소금 약간을 넣어 볶다가 토마토퓨레와 **향신료**를 넣고 중간불에 3분간 끓인다.

> 너무 뻑뻑해지지 않도록 파스타를 끓인 면수를 1~2큰술씩 추가하며 끓여요.

5. 파스타면과 가지를 넣고 버무린다.

6. 그릇에 파스타를 담고 비건 치즈가루를 뿌린다.

옥수수주먹밥

정성이 담긴 손맛을 듬뿍 느낄 수 있는 주먹밥을 만들어봤어요. 달콤한 병옥수수는
일년 내내 구하기 쉬운 식재료라 언제든 간편하게 만들어 먹을 수 있어요.
옥수수가 제철인 여름에는 병옥수수 대신 초당 옥수수를 사용해서 주먹밥을 만들면 별미랍니다.
매콤하면서도 달콤한 땡초소스를 곁들여 맛이 더 풍성해진 주먹밥이에요.

Ingredients

밥 2공기(300g)
병옥수수 4큰술
파프리카 1/2개
양파 1/2개
통깨 1큰술
소금 1/3큰술
후춧가루 약간
참기름 1큰술
식용유 2큰술

땡초소스

청양고추 4개
다진 마늘 1/3큰술
간장 1큰술
매실액 1큰술
연두 1큰술(선택 재료)
참기름 1/2큰술

1. 옥수수는 체에 밭쳐 물기를 빼고, 파프리카와 양파는 잘게 다진다.

2. 땡초소스 재료의 청양고추는 2등분해 씨를 제거하고 잘게 다진다.

3. 팬에 식용유 1큰술을 두르고 땡초소스 재료의 다진 마늘을 볶다가 다진 청양고추, 간장, 매실액, 연두를 넣어 3~5분간 볶고 불을 끄고 참기름을 두른다.

4. 팬에 식용유 1큰술을 두르고 파프리카, 양파를 넣고 양파가 투명해질 때까지 볶는다.

5. 볼에 밥, 옥수수, 볶은 양파와 파프리카, 통깨, 소금, 후춧가루, 참기름을 넣고 섞는다.

6. 밥을 먹기 좋은 크기로 동그랗게 모양을 만들고 땡초소스를 곁들인다.

유부초밥 _{2인분}

어릴 때 엄마가 자주 만들어주던 달콤새콤한 유부초밥은 입맛 없을 때 종종 만들어 먹는 메뉴예요.
시판 유부 대신 양념을 직접 해서 만든 유부는 몸에도 좋고 맛은 더욱 좋아 입맛도 금세 살아나요.
국내산 콩으로 만든 유부를 발견하면 장바구니에 꼭 한 봉지 담아오세요. 건강한 맛에 한 발 더 가까워질 거예요.

Ingredients

밥 1+1/2공기(240g)
유부 1봉지(70g)
당근 1/4개(45g)
피망 1/2개
식용유 1큰술

유부 양념
설탕 1큰술
간장 1큰술
맛술 1큰술
매실액 1큰술

밥 양념
설탕 1큰술
소금 1/3큰술
통깨 1큰술
간장 1큰술
식초 2큰술
매실액 1큰술

1. 유부를 사선으로 자르고 **유부 양념**을 넣어 버무린다.

잘라진 유부라면 자르는 과정을 생략해요.

2. 달군 냄비에 유부를 넣어 약한 불에 조린 뒤 식힌다.

3. 당근, 피망은 잘게 다진다.

조리 없이 먹어도 되는 채소로 대체해도 좋아요.

4. 밥에 **밥 양념**을 넣고 섞는다.

5. 밥에 다진 채소를 넣고 섞는다.

6. 유부에 밥을 한 숟갈씩 넣는다.

Index

ㄱ

가지깐풍기	200
가지덮밥	034
가지카레라이스	190
가지토마토파스타	256
감자김치전	132
감자당근볶음	112
감자샐러드샌드위치	248
감자조림	128
감자탕	066
검정콩후무스	178
고추장버섯비빔밥	042
김치버섯볶음밥	056
김치콩나물김밥	228
깍두기	158
깻잎김치	152
깻잎장아찌	162
꼬마김밥	232

ㄷ

단호박사과샌드위치	250
당근감자수프	238
당근라페	150
대파떡꼬치	196
도토리묵	108
된장	176
된장찌개	072
두부덮밥	030
두부동그랑땡	198
두부스틱김밥	212
두부월남쌈	186
두부조림	124
두부콩국수	054
두부텐더김밥	224
들깨감잣국	084
땅콩국수샐러드	244
땡초김밥	230

ㄹ

루꼴라식빵피자	206

ㅁ

마늘볶음밥	058
마늘종볶음	116
마파두부덮밥	036
만두	188
메밀국수	048
모둠채소구이	246
모둠채소튀김	204
무당근전	138
무톳밥	026
뭇국	088

ㅂ

배추된장국	080
버섯김밥	216
버섯미역국	082
버섯유부전골	194
버섯탕수육	202
복숭아잼	170
부추버섯전	130
부추콩나물잡채	192
불고기김밥	226
브로콜리두부무침	106
브로콜리마늘볶음	114
비지찌개	070

ㅅ

사과잼	168
상추간장비빔국수	046

새송이버섯조림	122
세발나물김밥	214
순두부찌개	076
시금치된장국	078
시금치페스토파스타	254

ㅇ

아보카도김밥	220
아보카도새싹비빔밥	040
애호박덮밥	032
애호박볶음	118
애호박양파전	136
양배추라페	148
양배추전	140
양배추템페김밥	222
양파장아찌	160
연근버섯밥	028
연근옥수수전	134
연근유자무침	110
오이김치	156
오이무침	104
오이미역냉국	092
오이장아찌	164
오이지무침	102
오이피클	146
옥수수수프	240
옥수수주먹밥	258
우엉장아찌	166
우엉조림	126
유부라볶이	184
유부맑은국	086
유부우엉김밥	218
유부잔치국수	044
유부초밥	260
유자뿌리채소피클	144

ㅈ

장아찌김밥	234
저염된장	176
저염호박잎쌈밥	060
지육쌈밥	062

ㅊ

채개장	068
채소만두	188
청포묵무침	100

ㅋ

콩나물국	094
콩나물김칫국	090
콩나물무침	098
콩나물비빔밥	038
콩나물쫄면	050

ㅌ

템페볶음고추장	174
템페채소랩	252
토마토국수	052
토마토김치찌개	074
토마토마리네이드	180
토마토잼	172

ㅍ

표고버섯볶음	120

ㅎ

한 포기 배추김치	154
호박잎쌈밥	060
후무스	178
후무스샐러드	242

Collect
20

비건 집밥 레시피

1판 1쇄 발행 2023년 3월 22일
1판 2쇄 발행 2023년 12월 10일

지은이 정인정
발행인 김태웅
기획편집 정보영, 김유진
디자인 정윤경
마케팅 총괄 김철영
마케팅 서재욱, 오승수
온라인 마케팅 정경선
인터넷 관리 김상규
제작 현대순
총무 윤선미, 안서현, 지이슬
관리 김훈희, 이국희, 김승훈, 최국호

발행처 ㈜동양북스
등록 제2014-000055호
주소 서울시 마포구 동교로22길 14(04030)
구입 문의 전화 (02)337-1737 팩스 (02)334-6624
내용 문의 전화 (02)337-1734 이메일 dymg98@naver.com

ISBN 979-11-5768-865-4 13590

- 이 책은 저작권법에 의해 보호받는 저작물이므로 무단 전재와 무단 복제를 금합니다.
- 잘못된 책은 구입처에서 교환해드립니다.
- ㈜동양북스에서는 소중한 원고, 새로운 기획을 기다리고 있습니다.
- http://www.dongyangbooks.com